쉽게 읽는
정신역동과 가족

쉽게 읽는
정신역동과 가족

김수연 지음

REAL
LEARNING

서문

　박사과정을 막 들어간 즈음, 어설프고 풋내나던 그 시절 그저 대학 강단에 선다는 기대와 우쭐한 마음으로 겁 없이 강의를 시작했다. 교양 과목이었는데 프로이트의 외디푸스 콤플렉스를 한참을 설명했다. 내가 배운 대로, 책에서 읽은 대로 열심히 설명했다. 그런데 어떤 학생이 내 설명을 듣더니 내가 프로이트의 이론을 잘 모르고 강의한다는 걸 파악했다는 듯이 웃었다. 그 학생의 웃음이 날 몹시 당황하고 난감하게 만들었다. 그때까지 나는 프로이트의 이론은 정신질환을 설명하고 치료하기 위한 것이라고, 그러니 난해한 이론을 알려고 하지 말라고 애써 핑계대며 공부를 뒤로 제쳐두던 터였다.

　심리학과 관련된 책이라면 단골손님처럼 등장하는 프로이트. 20세기 가장 영향력 있는 학자로 손꼽는 그의 이론을 왜 내 인생에는 적용할 수 없었던 걸까. 그때부터 정신분석을 파기 시작했다.

20세기가 시작될 무렵 빈에서 왕따 당하던 유태인 의사, 프로이트. 프로이트하면 제일 먼저 떠오르는 말이 아마도 무의식일 것이다. 인간의 정신에는 무의식이 있다는 것과 철학에서 다루던 인간의 정신을 처음으로 과학적으로 접근한 연구자, 무의식과 정신병리의 관계를 밝힌 최초의 인물이 프로이트라는 점에서 그의 위대함은 충분히 이해할 수 있다. 하지만 무의식은 성과 관련된 내용으로 가득 차 있다는 그의 주장은 사람들에게 많은 오해와 거부감을 샀다.

1901년에 출판된 「꿈의 해석」을 프로이트 이론이 정립된 시작점으로 삼는다. 그 후 120년이 흐르는 동안 프로이트의 이론은 많은 발전이 있었다. 프로이트의 제자들은 이론을 수정하였고 개념을 더 정교하게 확대 발전시켰다. 그러나 아직도 대학에서는 프로이트가 처음 세운 이론만 가르치는 경우가 많다. 그래서 프로이트 이론으로 자기 자신을 이해하거나 설명하기 힘들고, '성'으로 모든 것을 설명하는 이론에 거부감이 클 수 있다. 그것은 아마도 현대정신분석 혹은 정신역동이라고 불리는 프로이트 이후 발전된 이론을 충분히 배우지 못한 탓도 있을 것이다.

개인적으로 정신역동이론을 배우면서 나중에 그런 의미가 아니었다는 것을 알게 되었고, 인간에 대한 이해와 사랑이 충만한 이론이라는 것을 알게 된 이후 이 이론을 더 사랑하게 되었다. 초기 프로이트 이론을 개론적으로 알고 있는 일반인들의 경우 정신분석에 대한 오해와 편견이 얼마나 클지 안타까운 일이다.

정신역동이론을 익히는 과정은 만만치가 않다. 프로이트는 진화론 측면에서 인간의 심리와 적응을 설명하려 했고 자연과학의 틀을 가져와 인간을 설명하려 했기 때문에 용어가 생경하고 어렵다. 또 제자들이 평생을 바쳐 만든 이론 또한 쉽지 않다. 충분한 설명이 없으면 접근하기 쉬운 개념들은 아니다. 긴 세월 동안의 분석도 어려운 일이다. 하지만 그들만 알고 있는 이론이기에는 너무 아깝다. 그것을 어떻게 쉽게 전달할 방법은 없을까 고민했다.

이미 나와있는 정신분석과 관련된 서적이 넘쳐난다. 그래도 굳이 이 책을 내게 된 이유는 '나는 누군가'를 넘어서 이 이론으로 가족을 이야기하고 싶었기 때문이다. 2022년 겨울, 보웬의 이론으로 가족에 관한 이야기를 썼다. 그때 전공자만을 위한 책이 아닌, 누구나 쉽게 접근할 수 있는 책이란 점에 큰 의미를 두었다. 이번에는 두 번째 이론, 정신역동으로 가족을 이야기하고 싶다. '나'라는 사람이 가족 안에서 어떻게 만들어졌는지, 가족 안에서는 무엇이 어떻게 돌아가는지 궁금한 분들에게 20세기 최고의 지성인 정신역동으로 이번에도 쉽게 다가가고 싶은 간절한 마음이다.

마지막으로 이 책이 나오기까지 도움을 준 분들에게 감사의 말을 전하고 싶다. 이 책의 방향에 대해 아낌없이 조언해 준 나의 영혼의 친구들 이정희 교수, 형정은 교수, 정은진 소장. 보웬가족치료에 이어 삽화와 표지 그림을 그려 준 사랑하는 딸 김미라, 만만치 않은 내용을 함께 고민하고 구성해준 백예인 편집장, 이 책이 세상에 나올 수 있도록 나를 믿고 출판을 허락해주신 정강욱 리얼러닝 대표님 그리고 수많은 밤을 지새우며 글을 쓰는 동안 한없는 지지와 응원을 보내 준 남편 김창동님과 아들 김제현에게 고마움을 전한다.

강물이 멀리 흐르다

김수연

들어가면서

1. 고전적 정신분석에 대한 짧은 요약

제1, 2차 세계대전 전후로 서구사회는 인간을 보는 관점에 엄청난 변화가 있었다. 전쟁 후에는 인간 존재에 대한 실존의 이슈가 강조되었다. 전쟁이 일어나기 전 식민지를 발판으로 최고의 풍요로움을 구가하던 시절에는 금욕과 청빈을 최고의 덕목으로 삼은 기독교 사상을 벗어나, 보다 자유롭고 고차원적인 정신세계를 누리고 싶은 욕구가 일어나기 시작했다. 인간의 본능을 저급하게 여겨 억압해야 한다는 기독교 정신은 이런 새로운 물결을 방해하는 장애물이 되었다. 억압의 대표적인 주제는 성이었는데, 한 번도 드러내지 못한 이 주제는 마음의 이물질이 되어 사람들의 정신을 괴롭혔다. 이 주제를 수면 위로 부각시킨 최초의 사람이 프로이트였다. 프로이트가 한평생을 바친 결과, 유아성욕론과 신경증 이론이 세상에 탄생하게 되었다.

프로이트의 정신분석을 아주 간단히 요약하면 리비도를 중심으로 한 욕동^{이드} 심리학, 남근기의 외디푸스 콤플렉스, 신경증에 초점을 둔 이론이라고 할 수 있다.

프로이트의 초기 시절 만들어진 욕동심리학에서 중요한 개념은 리비도^{libido} 다. 리비도는 육체적 즐거움, 마음을 움직이게 만드는 힘이라는 뜻으로, 심리적 에너지를 의미한다. 생리학을 먼저 공부한 프로이트는 정신활동을 신체의 본능에서 찾았다. 욕동심리학은 리비도가 신체의 어느 곳에 부착^{cathesis} 되느냐에 따라 발달단계를 나누고, 어린 시절 어떤 발달단계에 심리적으로 고착되었는가에 초점을 두었다.

프로이트는 이드^{id} , 자아^{ego} , 초자아^{super ego} 로 성격이 이루어졌다는 구조론으로 성격을 이해했다. 이드는 원시적인 추동, 충동, 이성 이전의 갈망, 소망과 두려움, 환상을 다루기 위해 사용한 용어다. 이드는 이기적인 쾌락^{plesure} 원리에 따라 작동하며, 언어 이전에 만들어진 것이라 대개 이미지와 상징으로 표현된다. 또 논리 이전에 만들어진 것이라 모순투성이고 시간이나 죽음, 한계라는 개념이 없다. 이드는 일차과정사고 수준이라서, 자기가 하고 싶은 대로 해버린다.

현실을 고려하면서 해야 할 것과 노력해야 하는 것이 자아의 역할이다. 자아는 세상에 수용될 수 있는 방법으로 이드의 갈망을 채우려는, 현실에 적응하려는 '나'다. 현실을 살아가기 위해 초기 유아기부터 부단히 자아를 발달시키는데, '나'라고 알고 있는 부분이 자아의 의식적인 측면인 반면, 자아의 무의식적 측면에 해당하는 것이 바로 방어기제다.

프로이트는 도덕적 조망에서 상황을 내려다보는 자신의 부분을 칭하기 위해 초자아라는 용어를 사용했다. 양심과 비슷한 뜻을 가진 초자아는 우리가 최선을 다했을 때는 축하해주고, 기준에 미치지 못했을 때는 야단을 치는 부모와 같다. 프로이트는 초자아가 외디푸스기에 부모의 가치를 동일시하면서 형성된다고 보았지만, 현대 이론가들은 훨씬 이른 시기에 죄책감이 만들어졌다고 본다.

그 후 서구사회는 1, 2차 세계대전을 겪으면서 죽음욕동에 대한 관심이 생겼고, 프로이트의 막내딸인 안나 프로이트를 중심으로 한 자아심리학파가 탄생했다. 자아심리학에서는 인간의 성격을 자아의 기능 즉 방어기제로 이해하였다. 불안이 올라와 자아가 취약해질 때 어떤 식으로 회피하고 갈등을 다루는지, 자주 사용하는 방어기제에 초점을 맞췄다.

오랜 연구 끝에 자아심리학에서는 원시적인 방어와 보다 성숙한 방어가 있고, 방어기제에 따라 성격의 구조는 다르다고 보았다(McWilliams, 2008). 원시적인 방어는 삶이 괴로울 때, 현실을 회피하거나 왜곡하는 정도가 심하다. 대처하기 곤란한 상황에는 잠을 자는 등 회피를 하거나, 내것이 아니라 상대의 것이라고 오리발을 내밀며 투사를 하거나, 절대 아니라고 부정을 하는 것 등이 원시적인 방어의 예가 된다. 반면 성숙한 방어는 현실을 좀 더 수용한다는 특징이 있다. 자아가 건강한 사람일수록 성숙한 방어를 사용하고, 여러 가지 방어기제를 다양하게 사용한다.

2. 고전적 정신분석에서 대상관계이론으로

자아심리학이 탄생하기 시작할 즈음 신체적 차원의 본능보다 관계 차원으로 인간을 설명하려는 대상관계학파가 등장하면서 이론은 획기적인 변화를 맞게 되었다. 프로이트 이론으로 설명되지 않은 정신질환이 많았고, 이를 설명할 수 있는 대안이 필요했다. 남근기 이전 단계를 직접 아기들을 관찰하면서 이론을 보다 정교화하려는 노력이 나타났다.

대상관계이론은 어느 한 이론가에 의하여 완성된 것이 아니라 멜라니 클라인 Melanie Klein , 로널드 페어벤 Ronald Fairbain , 도널드 위니컷 Donald Winnicott 등 여러 이론가들의 기여로 이루어졌다. 대상관계라는 개념을 처음 사용한 사람은 프로이트였다. 프로이트는 본능적인 추동 같은 개인의 내적 심리에 초점을 맞췄지만, 실제 관계의 상호작용은 중요하게 생각하지 않았다.

반면 대상관계이론은 생애 초기 양육자와의 관계와 병리 발달에 초점을 두었다. 그리고 아기가 살아남기 위해서는 어머니의 젖이라는 음식이나 젖을 빠는 입의 만족보다는 어머니의 따뜻함 그리고 아기와 어머니가 맺는 애착이 더 중요하다는 사실을 발견했다. 그래서 대상관계학파는 인간의 기본욕구를 '관계를 맺고자 하는 욕구'라고 보았다. 어린 시절 아이에게 중요한 사람은 어떤 사람들이었는지, 아이는 그 사람들과 어떤 경험을 했는지, 그래서 대상과 그 경험을 어떻게 내면화시켰는지가 더 중요하다는 것이다.

이 책에서는 대상관계학파이론을 아울러 현대 정신분석이론으로 부부와 가족을 이야기하고자 한다.

어린 시절 아이에게 중요한 사람은 어떤 사람들이었는지,
아이는 그 사람들과 어떤 경험을 했는지,
그래서 대상과 그 경험을 어떻게 내면화시켰는지가
더 중요하다는 것이다.

'인간은 무엇을 위해 사는가?
인간이 살아가는 힘은 무엇인가?' 라는 질문에
프로이트는 삶의 욕동과 죽음욕동이라고 답했다.

삶을 꾸려가는 가장 근본적인 힘을 사랑과 미움이라고 보았는데,
이것은 나중에 의존적 애정욕구와 적개심으로 수정·확대되었다.

이 장에서는 우리가 무엇 때문에 열심히 사는지,
어떤 것에 목을 매며 집착하는지
그리고 왜 애를 태우고 괴로워하는지를
인간의 기본욕구라는 개념으로 살펴보려 한다.

1장

정신역동과 삶
그리고 관계

인간은 무슨 힘으로 살아가는가

우리가 살기 위해서는 에너지가 필요하고, 그 에너지를 얻기 위해 음식을 먹는다. 프로이트는 우리의 정신도 신체와 마찬가지로 생존을 위한 심리적 에너지가 필요하다고 보았다. 그러면 심리적 에너지는 어디에서 얻을 수 있는가? 프로이트는 삶의 욕동을 통해 얻는다고 주장했다. **삶의 욕동**慾動 즉 삶을 이끄는 추진력은 본능과 리비도를 합친 개념이다. 처음에 프로이트는 리비도를 성욕으로 여겼지만, 지금은 **'즐거움이나 만족을 얻으려는 에너지'**로 개념을 더 넓혔다. 이루고 싶은 것, 가지고 싶은 것, 누리고 싶은 것 등등 이런 것들이 모두 삶의 욕동에 해당한다.

생리학을 전공한 프로이트는 정신도 신체와 같은 원리로 작동할 것이고, 리비도의 근원 역시 신체라고 생각했다. 출생 첫해에는 입, 2~3세에는 항문, 5세경에는 남근이 리비도의 원천이라고 여겼다. 리비도의 목적은 만족을 채우는 것이고, 이 만족을 충족시켜 주는 누군가를 대상^{object}이라고 한다. 젖을 빨면서 입으로, 배설을 하면서 항문으로, 자위를 하면서 성기로 만족을 느낀다. 젖을 주는 어머니는 만족을 주는 대상이 된다. 프로이트 관점에서 사랑한다는 것은 내면에 그 사람에 대한 어떤 이미지가 생겼고^{투사}, 그 이미지에 나의 리비도가 흘러간 것을 말한다. 그러다 상대에게 실망하면 리비도가 다시 나에게 돌아온다.

리비도와 생존본능^{유기체의 안전과 보존}은 두 가지 모두 살고자 하는 힘이라는 점, 이 힘이 발휘될 때 인생이 꽃이 핀다는 공통점이 있다. 그래서 프로이트는 리비도와 생존본능을 합쳐 삶의 욕동이라고 불렀다. 대부분의 인간 행동은 생존에 이득이 되는지^{생존 본능} 혹은 만족을 주는지^{리비도}와 같은 삶의 욕동으로 설명할 수 있다. 삶의 욕동은 사랑하는 관계를 형성하고, 생명을 탄생시키고 키우며, 독립된 한 사람으로 성장하게 만든다. 삶이 아무리 고달프고 힘들어도 굴하지 않고 자신만의 고유한 삶을 살게 하는 가장 원초적인 힘이다.

삶의 욕동에 대비되는 개념은 죽음욕동인데, 죽음욕동은 1920년 프로이트가 65세 되던 해에 발표한 개념이다. 프로이트는 말년에 죽음욕동을 정립했는데 그것은 프로이트가 살았던 당시 시대적 배경과 프로이트 본인의 인생 경험과 관련이 있다. 프로이트는 제 1·2차 세계대전을 겪으면서 숱한 죽음을 목격했고 인간의 잔혹함을 경험했다. 전쟁으로 인해 프로이트는 목숨 연명이 어려울 정도로 가난했다. 프로이트 자녀 3남 3

녀 중 세 아들이 모두 참전했고 아끼던 딸이 폐렴으로 사망했다. 상심한 프로이트가 그 외손자를 데려와 키웠는데 그 외손자도 폐렴으로 사망했다. 1933년 프로이트 77세 때, 히틀러가 프로이트가 유태인이라는 이유로 프로이트 저서를 공개적으로 불태웠고, 82세에 유태인 학살을 피해 영국 런던으로 망명했다. 미처 피하지 못한 여동생들은 가스실에서 희생당했다. 1923년부터 1939년 사망할 때까지 프로이트는 구강암으로 매우 고통스러운 삶을 살았는데, 이런 불행들이 죽음욕동을 개념화하는 데 큰 역할을 했을 것이라고 추측된다.

물리학의 작용-반작용의 법칙처럼 죽음욕동은 삶의 욕동의 반작용이다. 삶의 욕동의 힘이 세지면 죽음욕동도 덩달아 힘이 세진다. 리비도가 원하는 것을 얻어 만족을 누리길 바라지만삶의 욕동, 그것이 뜻대로 되지 않고 방해받거나 좌절하면 죽음욕동이 폭발한다. 그래서 리비도와 죽음욕동은 동전의 양면과 같다. 예를 들어 이제 세상에 갓 태어난 아기를 보자. 두 남녀의 사랑이라는 에너지는 꽃을 피워 한 생명을 탄생시킨다. 하지만 부모가 아기를 기를 여력이 없다면 그것은 아기에게 죽음을 의미한다.

에너지를 효율적으로 잘 사용하여 인생을 꾸려나가는 힘이 삶의 욕동이라면, 죽음욕동은 에너지를 무의미하게 소진하고 자신과 세상을 별주면서 공격하고 부숴버리는 힘이다. 삶의 욕동이 진행 방향이라면, 죽음욕동은 퇴행 방향이다. 삶의 욕동은 다양한 경험을 '나'에게 통합시키고 확장시켜 성장으로 나아간다. 반면 죽음욕동은 인생을 아무것도 아닌 무無로 되돌리려 한다. 죽음욕동이 힘을 발하면 삶의 원동력이 힘을 잃고 생기가 사라진다. 삶이 꽉 막혀 있는 기분이 들고, 죽고 싶은 심정으로 마지못해 근근이 인생을 이어간다. 그리고 어른에서 아기로, 아기에서 어머니 자궁으로, 급기야는 수정 이전의 상태로 퇴행한다.

죽음욕동을 잘 보여주는 대표적인 예가 바로 반복강박이다. 반복강박이란 과거에 범했던 오류의 전철을 멈추지 못하고 계속 반복하는 것이다. 중요한 시점에 무기력해지고, 도약하는 힘이 달려 주저앉는다. 최악의 선택을 하는데 이전의 경험은 반면교사 역할을 하지 못한다.

삶의 욕동에는 사랑과 만족을 주는 대상이, 죽음욕동에는 대상에 대한 공격성이라는 뜻이 포함되어 있다. 그래서 리비도와 죽음욕동이라는 심리성적인 개념은 사랑과 적개심이라는, 보다 심리사회적 개념으로 바뀌게 된다. 또 대상관계 학파는 '대상'에 주목하고 '관계'를 강조하게 된다.

---
②

사랑과 인정욕구의 노예가 되다

1. 살게 하는 힘이자 족쇄: 의존적 애정욕구

이 세상에 태어날 때 우리는 무력한 존재다. 감정을 표현하는 것 외에 는 스스로 할 수 있는 것이 거의 없다. 살아남기 위해서는 그 누군가^{대부분} 어머니 에게 절대적으로 의존하여 생존에 필요한 기본적인 욕구를 채워야 한다. 이때 먹여주고 입혀주는 물질적·물리적인 돌봄뿐만 아니라 아기의 심리적인 욕구도 충족시켜야 한다. 그저 젖을 물려 배만 부르면 되는 것 이 아니라, 아기는 어머니와 눈을 맞추고 살을 맞대며 어머니의 살 냄새 를 맡을 수 있어야 한다. 즉 사랑으로 버무린 돌봄이 필요하다. 인생 첫 해 어머니와의 정서적인 연결과 유대감은 아기 생존에 필수적인 요소로, 이런 욕구들이 채워졌을 때 비로소 건강한 정신이 만들어진다.

그래서 정신역동에서는 인간의 기본욕구를 의존욕구 dependent needs 와 사랑 욕구 love needs, 합쳐서 의존적 애정 인정 욕구라고 보았다. 의존적 애정욕구는 삶의 욕동을 사회심리학적 용어로 바꾼 것이다. 의존적 애정욕구의 힘은 매우 강해서, 어른이 되어서도 어린 시절 욕구를 포기하지 못하고 욕구를 채워줄 그 누군가를 끝까지 찾게 만든다. 아이였을 때 받았던 것처럼 계속 받으려 하거나, 아니면 부족한 부분을 어떻게 해서든 채우려 한다. 그 이유는 아기 때처럼 의존욕구가 자신의 생존과 직결되었다고 착각하기 때문이다. 어린 시절 부모는 아기의 생사여탈권을 쥐고 있는 대상이다. 하지만 어른이 되어서 이 욕구는 생존에 절대적이지도 않고 자신의 정체성을 형성하는데 필수적이지도 않으며, 채운다 해도 채워질 수도 없다. 이런 유아적 욕구는 오로지 어린 시절에만 온전히 충족될 수 있다.

2. 의존적 애정욕구를 충족시키려면

그러면 자녀의 의존적 애정욕구를 어떻게 충족시켜야 하는가? 이것은 태어난 후 1년 동안 어머니와 맺는 공생관계를 통해 충족시킬 수 있다. 생애 초기라는 시기와 공생이라는 관계 맺는 방식이 매우 중요하다. 그 이유는 첫째, 공생관계를 통해 자기 자신, 타인, 세상을 신뢰할 수 있기 때문이다. 신뢰할 수 있다는 의미는 아기가 자기 존재를 믿을 수 있고 세상을 살아갈 수 있는 기초를 마련했다는 뜻이다. 존재감이라는 튼튼한 기초공사가 이루어져야 세상에 나아가 무언가를 할 수 있다.

둘째, 생애 초기 의존적 애정욕구 충족은 신체 발달뿐 아니라 지능, 정서 발달에 결정적인 영향을 미친다. 공생관계가 충분히 이뤄지지 않으면 치명적인 결함이 발생할 수 있다. 특히 사울 Saul (1977)은 0~3세에 어떤 문제가 생기면 심각한 정신장애가 발생할 수 있다고 했다.

공생기 박탈이 어떤 영향을 미치는지 보여주는 연구가 있다. 제1·2차 세계대전 후 전쟁고아 수용 시설이 많았다. 르네 스피츠 Spitze 는 시설아동들을 관찰한 후 충격적인 결과를 발표하였다. 깨끗한 시설과 좋은 영양에도 불구하고 사랑과 관심이 부족한 환경에서 자란 아이들은 생후 1년이 지나자 ⅓이 사망했고, ⅓은 6살 이전에 사망했다. 나머지 ⅓마저도 자폐증을 비롯한 지적·언어적 발달에 문제가 생겼는데, 특히 대인관계에 심각한 문제가 발생했다. 반면 환경은 열악하지만 어머니와 함께 있었던 재소자 아동들은 영양이나 위생 상태가 엉망임에도 불구하고 어머니와의 관계로 인해 별문제 없이 건강하게 자랐다. 스피츠는 어머니가 없는 환경에서 아이는 제대로 성장할 수 없다는 것을 알게 되었다. 이 연구로 인해 입양 제도가 활성화되었고 또 대상관계이론의 시작점이 되었다.

3. 이런 것도 의존심이다: 다양한 의존심의 모습

의존심을 포기하기란 매우 어렵다. 의존심 채우기를 포기하지 않는다면 그 대상을 찾아다니다 일생을 허비할 수도 있다. 사람들 대부분은 배우자가 자신의 의존욕구를 채워줄 거라 기대한다. 그래서 배우자를 선택할 때 박탈된 의존심은 강력한 힘을 발휘한다. 그러나 어릴 적 소망을 이룰 수 있을 것이란 기대는 이내 깨지게 된다. 배우자는 "나는 너의 부모가 아니다"라며 거절한다. 만일 부모보다 의존심을 더 채워주는 배우자를 만났다면 그것은 복 받은 인생이고 배우자에게 감사하며 살 일이다. 욕구를 채워주는 배우자를 향한 고마움은 배우자에 대한 보답으로 이어지고, 이것은 선순환을 일으켜 관계는 원만함과 충만함으로 채워질 것이다.

의존심의 노예는 포기를 모른다. 또 상대를 가리지 않는다, 부모도 마찬가지다. 자녀의 욕구를 들어주기는커녕 거꾸로 부모는 자녀에게 요구하고 조른다. 자녀가 잘되길 바란다고 떠들어 대지만 그것은 핑계고 착각이다.

부모에게 어떻게든 사랑을 얻어야 하는 자녀는 부모의 요구를 물리칠 만한 처지가 못 된다. 그래서 부모가 끄는 대로 끌려다니고 휘둘린다. 자녀의 내면이 공허하고 자아가 취약해지는 것은 당연한 수순이자 결과다.

예 ————

희자는 학벌에 대한 열등감이 상당하다. 딸이라는 이유로 공부시키지 않던 시절, 부모는 빠듯한 살림에도 불구하고 희자를 대학에 보내려 했다. 재수 뒷바라지도 마다하지 않았지만, 희자는 공부보다 연애에 열중했고 전문대를 겨우 마쳤다.

결혼 후 희자는 시어머니 인정을 받기 위해 딸의 학업에 열중했다. 자기 행동이 도움을 주는 것인지 아니면 지나친 간섭인지 분별할 줄 모르는 희자는 딸의 일거수일투족에 불안해졌고 그럴 때마다 딸의 일에 개입했다. 불안한 희자만큼 딸 역시 불안했다. 딸은 학교에서 따돌림을 당하고 여러 구설수에 휘말리면서 결국 도망치듯 미국 유학을 떠났다. 홀로 중고등학교를 마친 딸은 희자의 소원대로 미국 주립대학교에 입학했다. 하지만 딱 거기까지였다. 대학 생활에 적응하지 못한 딸은 결국 자퇴를 하고 집으로 돌아왔다.

유학하는 동안 딸이 희자에게 가장 많이 들은 말은 "어느 대학에 갈 거냐?", "왜 이렇게 돈을 많이 쓰냐"였다. 딸은 미국에서 어떤 고생을 하는지, 어떤 험한 일을 당하고 있는지 희자에게 말할 수 없었다. 뒷바라지하느라 고생하는 부모의 마음을 누구보다 잘 알기 때문이었다. 그 대신 실패만 연거푸 하는 자신에게 비난의 화살을 돌렸다. 한국에 돌아와서도 상황은 마찬가지였다. 서울에 있는 대학들은 딸을 받아주지 않았고, 희자의 대학에 대한 갈망도 누그러들지 않았다. 4년 동안 입시에 매달린 딸은 정신과 약 없이는 살 수 없을 만큼 마음이 피폐해졌고 자살 충동에 시달렸다. 그 후로도 딸은 영국과 일본으로 대학에 도전했지만, 결과는 똑같았다. 대학도 제대로 가지 못하고 소중한 세월을 허비하는 자신이 벌레같이 느껴졌고, 죄책감과 자기 비난으로 삶이 박살나는 것 같았다.

딸이 어머니의 의존심을 들어줄 수 있는 것은 대학 입학, 딱 거기까지다. 딸의 내면에서는 더 이상 자신을 희생시킬 수 없다는 아우성이 터져 나왔다. 하지만 의존심의 단짝 죄책감이라는 적개심이 딸을 가만히 두지 않았다. 딸의 빈약한 자아는 더 위축되고 더 혼란스럽고 더 불안해졌다.

의존심을 채우려면 자신의 욕구를 상대가 들어줄 때까지 상대를 닦달하거나 으름장을 놓아야 한다. 아니면 비겁하게 눈치를 보고 비위를 맞추면서 바라는 것을 얻어야 한다.

'아낌없이 주는 나무' 같은 희생은 과연 사랑일까? 자신의 모든 것을 내어주면서 그것이 자신의 유일한 기쁨이라고 말하는 어머니가 있다면, 그것은 사랑이 아닐 가능성이 크다. 오히려 매우 의존적인 사람이다. 의존적인 자신을 상대방에게 투사했을 뿐이다. 좋은 사람, 좋은 어머니, 좋은 아내가 되려고 자기 자신을 희생시킨 관계 중독자다. 희생적인 어머니의 겉모습 이면에는 매우 의존적인 이기심이 있다. 어머니가 이기적인 마음으로 헌신했기 때문에 그 자녀 역시 이기적이다.

의존적인 사람은 의존욕구를 채우기 급급한 나머지 자신의 정체성을 구축할 겨를이 없다. 의존욕구를 채우는데 자신의 인생을 모두 허비해서 정작 '나다운 것'이 어떤 것인지 모른다. 그래서 인정욕구가 내 인생에 주인 노릇을 하고 나 자신은 인정욕구의 노예가 된다. 결국, 온전치 못한 자기 정체성이라는 자기희생을 치른다.

예를 들어 사랑하는 사람을 잃었다고 하자. 상대를 여의면서 자신의 일부가 함께 떨어져 나간 것 같고, 그 사람을 따라 자기도 죽고 싶다. 삶을 포기하려는 것은 사랑이 깊어서가 아니라 의존이 깊어서다. 이 세상에 혼자 서 있는 것이 두렵고, 자기 자신으로만 존재하는 것이 어려워서다. 이것은 자신의 존재 가치를 상대방에게 넘겨버렸다는 뜻이다. 자신을 사랑할 줄 모르는 사람이 어떻게 타인을 위해 희생할 수 있겠는가. 만약 의존적인 사람이 매우 희생적이라면 그것은 희생보다는 강박적인 행동에 가깝고, 자기 자신을 파괴하는 병리적인 증상일 수 있다.

매우 사이가 좋은 관계가 있다. 친절하고 따뜻하며, 상대가 원하는 것은 다 들어주고 채워준다. 이들 관계에서 불평이나 다툼을 찾아보기는 어렵다. 서로가 사랑과 이해로 품어준다. 우리가 늘 꿈꾸는 이상적이고 헌신적인 사랑이다. 하지만 이런 관계는 건강한 것과 거리가 멀다. 오히려 이들 관계는 서로가 심각하게 의존적이어서 뒤엉켜 있는 관계다. 이것을 융합된 관계라고 하는데, 부모와 자녀의 융합은 자녀를 망가뜨리는 강력한 방법이 된다. 상대방의 요청을 거절하지 못한 것은 '좋은 사람'이라는 인정받고 싶어서다. 이런 관계는 친밀보다는 관계에 중독되었다고 볼 수 있다.

여기서 잠깐. 갈등 없는 사이 좋은 관계란 과연 존재할까? 의존심과 적개심이라는 역동에서 보면 이 관계는 불가능하다. 상대에게 바라는 것이 많다는 것은 그 상대가 중요하고 소중한 존재라는 뜻이다. 그런 관계일수록 눈치를 보며 맞춰야 해서 불안하고 불편해지기 쉽다. 즉 의존심이 깊어질수록 적개심도 따라 올라가는 법이다. 한 번도 싸우지 않은 부부가 있다면 그 부부는 진정한 관계를 맺지 못한 부부일 수도 있다.

생각해보기
Q. 가장 의존적인 모습은 어떤 모습일까?

나의 의존심을 탐색해보자

1) 나는 배우자에게 어떤 것을 의존하는가?

2) 나는 자녀에게 어떤 것을 의존하는가?

3) 부모는 나에게 어떤 것을 의존했는가?

인간관계에서 의존욕구 충족이 실패하면 그다음 어떤 것에 의존할까? 다음 의존대상은 무엇일까? 가장 흔한 경우가 돈이나 종교다. 관계에서 좌절하고 더는 희망을 찾을 수 없는 사람은 돈에 의존한다. 사람보다 돈을 더 사랑하고, 관계보다 돈이 더 우선이다. 부모가 자녀보다 돈을 더 소중하게 여긴다면 그 자녀의 존재감과 자존감은 바닥이 된다. 또 부모에게 실망한 사람은 신을 충성을 다해 모신다. 이들의 기도는 부모 대신 신이 채워줘야 하는 소망 리스트로 빼곡하다. 하지만 신은 이런 기도는 별로 듣지 않는 것 같다. 왜냐면 신에게 자신이 바라는 완벽한 부모상을 투사했기 때문이다.

유아기 충족하고 싶었던 인정욕구는 제어가 어려울 만큼 힘이 강하다. 상대가 누가 되었건 인정사정이 없다. 왜냐면 그 욕구는 살아남겠다는 의지이기 때문이다. 그래서 중독에 빠지기 쉽다. 의존적인 사람은 물질적인 욕구뿐만 아니라 감정적· 심리적·지적·영적 욕구를 다른 사람을 통해 채우려 한다.

상대방이 자신의 의존욕구를 채워준다면 거기에는 응당 대가가 따르기 마련이다. 가장 파괴적인 대가는 관계가 깨지는 것이다. 상대가 내 욕구를 채워줬음에도 불구하고, 계속해서 끊임없이 채워주길 바란다면, 상대방은 곧 떠날 것이다. 일방적인 의존 관계는 사람을 치사하고 비겁하게 만들고 진저리나게 만든다.

부모가 자녀의 어린 시절 의존욕구를 채워줄 수 있고, 또 자녀가 자라는 동안 부모의 의존욕구를 요구하지 않는다면 그 부모는 매우 성숙한 사람이다. 의존욕구에서 자유로워지고 독립적으로 삶을 꾸려 나간다면 그것은 해탈의 경지가 아닐까 생각해본다.

4. 나의 의존심을 알아채는 방법
그러면 무엇이 의존이고, 무엇이 의존이 아닌가? 의존심을 알아보는 방법을 나름대로 소개하면 다음과 같다.

먼저 감정의 강도와 소재지를 알아보는 것이다. 의존욕구가 채워지면 무척 흐뭇하고 만족스럽지만, 반대로 의존욕구가 좌절되면 낙담하고 절망한다. 이때 감정의 주인이 누구인지, 누구 감정이 더 강렬한지를 보면 된다. 예를 들어 자녀가 충격적인 성적을 받아왔다고 하자. 이때 누구의 감정이 먼저 올라오는가를 살펴보는 것이다. 자녀가 더 실망하고 낙담하는가, 아니면 부모가 더 그런가? 만일 부모의 감정이 자녀보다 훨씬 강하고 빠르게 올라왔다면 그 성적표는 부모의 성적표이지 자녀 것이 아니다. 강렬한 감정이 올라온다는 것은 의존욕구가 있다는 의미다. 이 욕구가 내 것인지 남의 것인지, 이 감정이 내 것인지 남의 것인지를 아는 것은 매우 중요하다. 욕구와 감정의 주체가 누구인지를 안다면 정신역동 작업은 무척 수월해진다.

생각해보기

Q. 의존심을 가장 잘 드러내는 표현에는 어떤 것이 있을까?

둘째, 다른 사람의 부탁을 들어주고 도와주고 선물을 하면서 다음 사항을 체크해보는 것이다. 먼저 내가 한 행동에 대한 보답이나 감사의 인사가 없어도 되는가? 자신의 수고에 대해 대가가 없어도 되는가? 그리고 내가 한 행동을 잊을 수 있는가? 만일 이런 질문에 모두 OK한다면, 그 행동은 충분히 이타적이다. 진정 그 사람을 위한 순수한 마음으로 한 행동이다. 반대로 대가를 바랐다면 그것은 자기 자신을 위해서 한 것이다. '좋은 사람'이라는 평을 들으려는, 그저 자신의 의존심을 채우기 위한 행동일 뿐이다.

생각해보기
Q. 내가 인정을 바라지 않고 흔쾌히 할 수 있는 정도는 어느 정도일까?
   내 그릇의 크기가 얼마일까?

자신의 의존심 수준을 어느 정도 가늠할 수 있다면, 관계에서 초래될 수 있는 어려움을 상당히 줄일 수 있다. 왜냐하면, 의존하는 순간 적개심이라는 녀석은 늘 따라오기 때문이다.

병리적인 의존은 마치 영혼에 큰 싱크홀이 있는 것과 같다. 아무리 받아도 받아도 모자란 것 같고, 채워도 채워도 채워진 것 같지 않다. 그래서 인생이 허무하고 공허하다. 이런 사람은 늘 어머니가 필요하다. 자신에게 전폭적인 애정을 주고 전능한 존재가 되어 자신의 문제를 마술처럼 해결해 주길 바란다. 이것은 어릴 때 어머니에게 의존하고 싶은 욕구가 제대로 충족되지 않아서 그렇다.

부모가 자녀를 위해 바라고 기원하는 바가 모두 다 의존이란 뜻은 결코 아니다. 자녀를 위한 부모 마음이 순수하고 헌신적이라는 것을 믿어 의심치 않는다. 그러나 부모의 헌신적이고 희생적인 사랑은 당연한 것이 아니다. 부모가 되었다고 저절로 그런 마음이 생기는 것도 아니다. 부모도 완벽한 인간이 아니어서 어느 정도 의존심이 있는 것도 사실이다. 한 가지 명심할 것은 가족의 갈등과 문제는 의존심과 적개심에서 비롯되는 것이니 그 역동을 잘 파악하자는 것이다.

의존의 반대말은 독립이다. 아이가 성장한다는 것은 부모에게서 떨어 져 나와, 부모와는 다른 고유한 한 개인으로 분화한다는 뜻이다. 결국, 우 리가 인생에서 이루어야 하는 것은 의존하지 않고 자신의 두 발로 세상 에 우뚝 서는 것이다. 부모가 자녀에게 독립을 허락하지 않아도 자녀에 게 적개심이 발생한다. 자기 정체성을 바쳐가면서 부모의 의존욕구를 채 워주는 자녀는 정작 배우자와 자녀의 의존심을 채워줄 여력이 없다. 결 국, 자신의 삶을 죽음욕동에게 내어준다.

의존심의 다른 말: 적개심

그렇다면 적개심은 왜 일어나는 것일까? 그 이유를 의존적 애정욕구와 연결해 보면 첫째, 의존적 애정욕구의 심각한 박탈 때문이다. 박탈이란 좋지 않은 환경이 만성적이고 지속적이어서 아이가 감당할 수 없다고느끼는 것을 말한다. 적개심이 발생하는 두 번째 원인은 욕구 충족이 너무 과다했기 때문이다. 기본욕구가 지나치게 결핍되거나 과잉 충족되면의존욕구는 병적으로 고착되면서 적개심이 생긴다. 의존심과 적개심이라는 두 양면은 인간 정신의 기본 역동을 만든다.

신경증의 원인을 무의식에 억압된 적개심이라고 프로이트는 보았다.이 적개심은 어린 시절 욕구를 좌절시킨 어머니에 대한 감정이다. 사랑의대상인 어머니에게 적개심을 표현하기란 쉬운 일이 아니다. 자칫하면 영원히 어머니의 사랑을 잃을 것 같은 두려움이 올라온다. 할 수 없이 적개심을 마음속 깊이 감춰두지만 그렇다고 해서 적개심이 사라지거나 잊히지는 않는다. 오히려 나올 기회만 호시탐탐 엿보고 있다. 그러다 어린 시절과 비슷한 상황이 연출되면, 때를 기다렸다는 듯이 아주 사소한 자극에 폭발하고야 만다. 결국, 애써 참고 참은 적개심은 나 자신을 망치고 소중한 관계를 깨뜨린다. 또 신경증을 일으키고 우리 삶을 망가뜨린다.

1. 많이 줘도 문제, 적게 줘도 문제

욕구를 너무 박탈시키면

의존욕구가 박탈되는 대표적인 경우가 바로 모친 상실 maternal deprivation 이다. 모친 상실이란 어머니 역할이 어머니답지 않은, 왜곡된 어머니 역할을 말한다(Yarrow, 1961). 사망이나 이혼으로 어머니가 없는 경우는 물론, 어머니가 있어도 어머니 역할을 제대로 하지 못하는 경우다. 예를 들어 자녀를 심하게 배척하거나 방임하거나 조건적으로 사랑을 주는 것이다. 의존욕구가 너무 좌절되면 평생을 자신의 의존욕구를 채우는 데만 열중한다. 가장 문제가 되는 것은 바로 대인관계다. 상대방을 의존욕구 충족 수단으로 이용한 나머지 진정한 관계를 맺기가 어렵다. 어머니가 자녀를 어머니의 욕구 충족에 이용하여 자녀를 착취하게 되면, 자녀 역시 어머니처럼 타인을 이용하고 착취하는 모습을 보이기 쉽다.

언제 가장 불행했는가? 언제 가장 힘들었나? 물론 개인적인 아픔과 병을 가져서 힘들고 불행한 경험을 했을 수도 있지만, 많은 경우 어머니와 관련이 있다. 우리는 어머니가 불행할 때 가장 불행하다.

욕구를 너무 채워주면

의존욕구는 적당히 충족되는 것이 가장 바람직하다. 또 자라면서 어느 정도 박탈 경험은 반드시 있어야 한다. 세상을 살아가기 위해서는 세상이 야박하고 만만치 않다는 것, 그리고 자기 마음대로, 원하는 대로 되지 않는다는 것을 배워야 한다. 어릴 때 박탈 경험이 없다는 것은 몸에 면역력이 하나도 없다는 것과 같다. 그래서 항체를 만드는 것이 매우 중요한데 이것은 박탈을 경험할 때 생긴다.

박탈에 대한 불안이 큰 부모는 자녀를 박탈시키기 어렵다. 그래서 자녀의 욕구를 과하게 충족시켜 준다. 부모가 박탈이 불안한 이유 중 하나는 어릴 적 겪은 박탈에 대한 상처가 너무 커 '내 자녀를 절대 힘들게 하지 않겠다'라고 결심해서다. 상당히 자기애적인 사랑이다. 두 번째 이유는 온실 속 화초로 자라서, 부모에게 박탈을 배울 기회가 없어서다. 두 가지 경우를 겉에서 보면 정반대인 것처럼 보이지만, 속으로 들어가 보면 박탈에 대한 불안이 강하다는 면에서 똑같다. 자녀가 자랄수록, 그리고 독립할수록 발달단계에 맞게 박탈의 가짓수도 점점 많아져야 한다. 자녀가 박탈을 경험하지 않았다는 의미는 부모가 자녀의 성장과 독립을 방해하고 자녀를 자라지 못하게 만들어 평생을 아기로 유아적으로 살게 했다는 뜻이다. 독립을 박탈하는 것도 의존을 박탈하는 것만큼 심각한 문제를 만든다.

그래서 왕자님이나 공주님의 경우 적개심이 더 강하다. 집안에서 '오냐 오냐' 키워진 귀한 자녀가 조상의 재산을 탕진하는 경우를 종종 본다. 그 이유는 어른이 되어서도 계속 의존하게끔 키워졌기 때문이다. 의존적인 삶이 계속되면 자녀는 열등감 덩어리가 된다. 부모 없이는 스스로 할 수 있는 것이 별로 없다. 게다가 욕구가 즉각적으로 충족되는 삶을 살았기 때문에 어른이 되어서도 당연히 그렇게 되어야 한다고 여긴다. 그래서 인내심이 없다. 결국 자기가 하고 싶은 대로 저지르며 살게 된다. 겉은 왕자님, 공주님이지만 내면에는 거지가 여럿 있다. 이들의 삶은 버튼만 누르면 필요한 물건이 나오는 자판기와 같아 오로지 욕구가 충족되느냐 아니냐 여부에만 매달려 있다. 그래서 현실 파악과 검증이 어렵고, 어른으로 살기 힘들다.

가장 나쁜 욕구 박탈의 형태는 해줄 것은 안 해주고, 안 해줘야 할 것은 해주는 것이다. 해 줘야 할 것은 마음을 알아주고 이해해주는 것, 분리와 독립을 허용하는 것이다. 반면 자라면서 점차 박탈해야 하는 것은 물질적· 경제적인 부분이다. 자녀가 원하지도 바라지도 않았는데, 부모가 앞서서 죄다 해 주는 것은 자녀에게 독이 된다.

예

J는 시시때때로 외롭고 공허하다. 어린 시절을 돌이켜 보면 어머니는 자신에게 최선을 다해 많은 것을 해줬다. 그래서 자신이 힘든 이유를 납득하기 어렵다.

어머니는 부지런하고 책임감이 강한 분이었다. 어머니는 하루도 빠지지 않고 아침밥을 해주었다. 아버지 사업이 어려워져 돈이 부족하자 어머니는 생활전선에 뛰어들어 J와 동생의 대학 공부를 시켰다. 어머니는 주위 사람들에게 마음 좋은 이웃이고 자매였다. 어머니는 그야말로 희생과 헌신 그 자체였다. J는 이런 어머니가 불쌍해서 나중에 꼭 보답하리라 마음을 먹었다.

하지만 한편으로는 어머니가 너무 답답하고 갑갑해서 그 품을 떠나고 싶었다. 어머니는 당신의 고단하고 아픈 인생 이야기를 온통 J에게 쏟아냈다. J는 이제 그 지겨운 이야기를 그만 듣고 싶었다. 하지만 꾹꾹 참고 사는 착한(?) 어머니를 보면 마음대로 하려는 자신이 너무 이기적인 것 같아 거절도 못한다. 더구나 J가 힘들고 아픈 이야기를 하려고 하면 어머니는 "나는 더 했다. 너의 문제는 아무것도 아니다. 나는 어땠냐 하면" 그러면서 이야기를 채갔다. 물론 어머니가 일부러 그런 것은 아니다. 어머니 삶이 너무 힘들고 고달팠기 때문에 그런 거란 걸 J도 안다. 급기야 J는 "나는 쓰레기통이 아니야"라고 외치며 어머니의 하소연을 듣지 않으려 했지만, 마음 한편의 부담감과 죄책감은 어쩔 수 없었다.

어떤 사건이나 계기로 부모에게서 박탈감을 가질 수 있다. 하지만 더 중요한 것은 매일매일 어떤 감정으로 사느냐다. 자신의 인생에서 자신이 주인공이지 못하고, 자신의 감정 대신 어머니 삶과 감정이 우선되는 것도 큰 좌절이자 박탈이다.

2. 적개심의 두 얼굴: 투쟁과 도피

적개심은 크게 투쟁형과 도피형 두 가지 양식으로 표현된다. 이 두 가지 양식은 유기체가 스트레스를 받았을 때 나타나는 전형적인 위기 대처법이다. 일종의 생물학적 적응 기제다. 도피형은 스트레스 원으로부터 줄행랑을 치며 도망가는 방법이다. 반면, 투쟁형은 스트레스 원과 맞붙어 쳐부수면서 고통에서 벗어나는 방법이다.

투쟁형은 적개심의 방향이 세상으로 향해 있다. 그래서 적개심은 '타인에 대한 공격심'으로 표현된다. 투쟁형과 관련 있는 핵심감정으로 도전심, 복수심, 경쟁심, 시기심, 질투를 들 수 있다. 투쟁형이 극단적일 때는 범죄, 잔학 행위, 폭력, 살인으로 이어진다.

투쟁형은 사람들 사이에서 갈등이 잦아 마치 '싸움닭'처럼 보인다. 하지만 정작 자신은 자기 때문에 관계를 망치는 것 같아 마음이 괴롭다. 또 자신이 나쁜 사람으로 느껴져 쉽게 불안해진다. 그래서 자발적으로 상담에 오기 쉽다. 투쟁형의 긍정적인 측면은 삶에 대한 적극적인 태도 그리고 삶을 박차고 나가는 힘이다. 음식을 흡수하려면 치아로 잘 씹어야 한다. 이때 '씹는' 것이 바로 투쟁형의 힘이다. 공부 또한 마찬가지다. 지식을 잘 씹어서 자기식 대로 잘 이해하고 흡수하는 것 또한 투쟁형의 힘이다.

아카데미 여우 조연상을 받은 윤여정 배우가 "언제 연기가 가장 잘 되었냐?"라는 질문에 "돈이 필요할 때"라고 했다. 절박한 생존의 욕구에서 뿜어져 나오는 힘이 투쟁형의 힘이다. 세렝게티에서 맹수는 생존을 위해 사냥에 성공해야 한다. 이 또한 투쟁형의 힘이다. 사냥, 생존을 위해 돈을 버는 것, 지식을 나의 것으로 만드는 힘 모두 투쟁형과 관계가 있다.

적개심을 바깥으로 표현하는 쪽이 투쟁형이라면 안으로 돌리는 쪽은 도피형이다. 적개심이 '나' 자신에게로 향해 있어 적개심의 형태는 죄책감이 된다. 죄책감이 깊어지면 무기력해지고 우울해진다. 이것이 심해지면 자살이라는 극단적인 형태로 나타난다. 도피형은 구체적으로 굴욕감, 배척감, 거절감, 배신감, 선망, 체념 등으로 나타날 수 있다.

도피형은 사랑과 인정을 받지 못한 원인을 자신에게 둔다. 자신이 못나서, 잘못해서 사랑받지 못한다고 여긴다. 너무 벌을 준 나머지 자아가 무기력해진다. 두렵고 위험한 적개심을 억압하다 보니 불편한 감정과 함께 좋은 감정도 억압된다. 그래서 대체로 도피형들의 표정은 무덤덤하다. 얼굴에 적나라한 감정이 드러나지 않아 의중을 알아채기 어렵다.

도피형은 상대방의 눈치를 보고 비위를 맞추느라 삶이 비굴하고 비겁하다. 중요한 사람의 허락을 받아야 안심되고, 상대가 반대하면 불안하다. 상황이 어려워질수록 그리고 불안해질수록 도피형은 무기력해진다. 그래서 인생의 중요한 시점, 큰 산을 넘어서야 하는 결정적인 순간에 나태해지고 게을러진다. 과제를 미루면서 회피하고, 심한 경우 잠수를 타버린다. 휴일에 세수도 하지 않은 채 침대와 한 몸이 되어 아무것도 하기 싫어하는 직장인 역시 무기력에 지배당해서다.

생각해보기
Q. 인생에서 중요한 시점에 무기력해진 때가 있는가? 언제였나?

도피형은 알코올이나 약물 중독, 사이비 종교에 빠지는 것으로 적개심을 표현하기도 한다. 프로이트는 무력한 자아가 문제로부터 도피(억압)하는데, 이런 시도는 효과적이지 않을 뿐만 아니라 발달을 영구히 방해한다고 주장했다. 이것은 신경증의 출발점이기도 하다.

도피형이 적개심을 표현하는 또 다른 방법은 심각한 신체적 증상을 일으키는 것이다. 감정 에너지가 밖으로 표출되지 못하고 안으로 머물게 되면 신체가 병이 든다.

어머니에게 상습적으로 폭력을 당한 아이가 있었다. 아이가 무엇을 잘못했거나 이유가 있어서 때린 것이 아니라, 그저 어머니 기분 가는 대로 아이를 때렸다. 어머니는 아이를 때리고 난 뒤, 사랑해서 그랬다며 달랬다. 또 어머니는 인생이 무척 고달프다고 했다. 아이는 사랑이나 성취를 얻으려면 고통이 따른다는 것을 배웠다. 그래서 아이는 자라서도 무언가를 성취하고 결실을 맺으면 병을 앓았다(Northrup, 1988).

최근 연구에서는 충격적인 경험을 할 때마다 우리 몸에서 생명의 에너지가 빠져나간다는 사실이 밝혀졌다. 구체적으로 보면 다음과 같다. 영혼은 학대 같은 어려움을 당하면 어디론가 달아난다. 그리고 아무리 정당한 감정이라도 분노와 원망 같은 적개심이 오래도록 몸에 머무르면 세포가 부정적으로 왜곡되고 변형된다. 성폭력을 당한 여성의 경우, 자신의 허리 아래는 자신으로 여기지 않고 돌보지 않아 산부인과 질환에 걸리기 쉽다. 그것은 성폭력 경험에 대한 자신의 감정을 전혀 다루지 않았기 때문이다(Northrup, 1988).

또 사고 事故를 일으키거나 당하면서 적개심을 표현할 수 있다. 다치고 깨지고 고통을 겪으면서 자기 자신에게 벌을 준다. 사고는 적개심의 표현 중 하나다. 실제로 충동적이고 공격적이어서 분노를 자기학대로 표출하는 사람이 사고를 일으킬 가능성이 높다는 연구가 있다. 이들은 우울증과 외로움으로 관계의 어려움도 겪고 있었다(Northrup, 1988).

도피형은 자신의 적개심을 다른 사람에게 수동-공격으로 표현한다. 대표적인 예가 뒤통수치기다. 매우 중요한 순간, 중요한 일을 망쳐서 상대를 곤란하게 만드는 것이다. 상대를 속 터지고 난처하게 만들면서 죄송하다고 사죄하지만, 그 이면에는 보복이라는 적개심이 있다. 시험을 망치는 이유 중 하나는 적개심으로 공부하기 때문이다. 상대방을 곤란하게 만들든, 상대방에게 보복하든 가장 안타까운 점은 도피형 자신의 삶이 가장 많이 망가지고 피폐해진다는 것이다. 이런 사실을 무의식만 알고 있을 뿐 당사자나 상대나 그것이 적개심의 표현인지 웬만해서는 알아채기 어렵다.

3. 욕구의 노예가 되면

박탈된 욕구에 집착하게 되면 자신의 삶은 욕구에 굴복당하고 만다. 박탈된 욕구가 주인 노릇을 하고 정작 자신은 노예가 된다.

현실을 현실로 보아야 하는데 그렇지 못하고, 현실을 자기의 욕구에 비춰 판단한다. 자기의 욕구에 맞으면 옳고 맞지 않으면 틀렸다고 여긴다. 세상을 흑과 백으로 나누어 바라보기 때문에 세상을 보는 눈이 극단적이고, 애증의 변화가 심하다. 자신의 욕구가 유아적이고 비현실적이어서 현실에서 이루기가 어렵다는 것을 깨닫지 못하고, 한 대상에게 실망하면 또 다른 대상으로 전전하면서 끝없이 욕구를 채워줄 대상을 찾아 헤맨다. 현실에서 감당해야 하는 욕구좌절, 규율, 역할을 감당하기 힘들다(최경희, 2000). 이들은 계속 어머니가 필요하고 아이 상태에 머물기를 원한다.

우리는 상대에게 인정받지 못할까 봐 의존적 애정욕구를 채우지 못할까 봐 불안하고, 적개심이 올라와 다 망쳐버릴까 봐 불안하다. 의존심과 적개심은 긍정적이거나 부정적이라고 할 수 없는 가치 중립적인 개념이다. 적개심은 살아있는 생명체라면 모두 가지고 있는, 생존을 위해 생긴 감정이다. 적개심을 위험하다고 없앨 수도 없다. 다만 자각하고 통제를 잘하는 것이 중요하다.

정신역동은 감정의 역동에 중점을 둔다.

이 장에서는 이 의존적 애정욕구와 적개심이라는 두 감정이

어떻게 힘을 발휘하며 인생을 이끄는지, 감정이 왜 중요한지,

아울러 정신이 건강하다는 의미를 감정의 차원에서 살펴보려 한다.

—————— 2장 ——————

세상을 바라보는 안경
: 정신역동

성격은 어떻게 만들어지는가?

1. 정신역동, 아동기 감정양식, 핵심감정

어머니^{중요한 대상}에 대한 의존적 애정욕구와 적개심은 성격을 형성하는 근간이 된다. 특히 임신부터 6세 사이에 만들어진 어머니와의 감정적 상호작용을 프로이트는 정신역동 psycodynamic 혹은 아동기 감정양식이라고 불렀다.

어린 시절 만들어진 정신역동은 삶의 동기를 자극하며 한 사람의 인생을 이끈다. 한번 형성된 감정양식은 성격의 핵심이 되어 평생 지속되는데 그 본질은 잘 변하지 않는다. 결국 아동기 감정양식은 우리의 운명이 된다.

정신을 구성하는 기본 요소 중 하나가 감정인데, 감정의 가장 큰 특징은 에너지를 가졌다는 점이다. 그래서 사랑이라는 감정은 한 생명을 탄생하게 하고 생명을 키운다. 또 적개심이라는 감정은 인간을 망가뜨리고 파멸시킨다. 모두 감정이 에너지를 가졌기 때문에 일어나는 현상이다. 에너지를 가진 감정은 열역학의 원리대로 역동적으로 움직이는데, 누르는 힘만큼 강하게 튀어 오르는 힘이 생긴다. 그래서 참아봐야 소용이 없다. 또 입력^{input} 되는 대로 출력^{output} 이 일어난다. 어떤 감정이 어떤 강도로 입력되면 그 양과 질이 똑같은 감정이 출력된다. 짜증을 내는 것, 참는 것, 화를 내는 것 모두 정신역동의 과정이자 결과들이다. 이렇게 정신역동이란 감정의 힘 간에 이루어지는 평형을 말한다. 어떤 큰 사건으로 인해 정신역동이 형성되기도 하지만, 매일 매일 느끼고 경험하고 표현한 기분이 성격의 기본이 된다.

6세 이전에 만들어진 정신역동은 또 장차 맺게 될 모든 대인관계의 원형이 되는데, 부모와 맺은 방식대로 세상 사람들과 관계를 맺는다. 부모가 사망하면 어린 시절 감정은 사라지는가? 그렇지 않다. 어릴 적 부모는 죽은 후에도 내 삶에 강력하게 관여하며 살아있다.

정신역동은 어릴 때 형성된 '감정을 느끼는 방식^{패턴} '이라는 뜻으로 '아동기 감정양식'이라고도 한다. 어린 시절과 비슷한 상황을 맞이할 때, 특히 스트레스 상황에서 자아가 불안을 감당하기 어려울 때, 우리는 어린아이로 돌아가 그때 그 방식대로 상황을 지각하고 느낀다. 그것을 핵심감정이라고 한다. 정신역동, 핵심감정, 아동기 감정 양식은 모두 같은 뜻이다. 예를 들어 학대당한 아이는 자라서 누군가를 학대하거나, 자신에게 학대를 가할 사람을 만난다. 이처럼 정신역동은 우리 마음에 저장된 일종의 프로그램이다.

문제는 어린 시절에 만들어진 정신역동이 유치하고 미숙해서 어른이 된 현재 상황과는 어울리지 않는다는 점이다. 그때는 효과적이고 적절했었는지 모르지만, 어른이 된 지금 그 방식은 너무 낡아서 세련되지 못하고 구닥다리다. 그럼에도 불구하고 곤란한 상황에서 자아는 어린 시절로 퇴행해 그때 그 방식으로 해석하고 느낀다. 핵심감정에 지배당하면 이성이 마비된다. 상황은 엉망진창이 되고 주위 사람들은 '나를 이해하지 못하겠다'는 표정으로 실망하고 경악한다. 아동기 감정양식은 우리를 지금-여기 here & now 에 살지 못하게 만들고, 그때-거기 there & then 로 돌아가게 한다. 그래서 자꾸만 지금-여기를 그때-거기로 만든다.

요약하면 정신역동이란 과거의 감정 흐름이 내면에 살아 있어 '지금-여기'에서도 끊임없이 반복적으로 일어나는 감정 세력, 정신적 에너지를 말한다(정방자, 1998). 정신역동은 그 사람의 곳곳에서 발견이 된다. 눈빛, 표정, 말투, 걸음걸이, 옷차림 등등 온몸으로 자신의 역동을 표현한다.

예를 들어보자. 어릴 때 어머니에게 관심을 받지 못해 서운했던 여성은, 자라면서 다른 사람에게도 서운함과 소외감을 느낀다. 남편과 자녀, 친구들이 아무리 잘해줘도 그녀는 어린 시절 느꼈던 감정을 반복적으로 느끼기 쉽다.

무서운 아버지와 폭력적인 형에게 어릴 때 함부로 휘둘리고 두들겨 맞은 남성은, 어른이 되어서도 힘을 가진 남성을 보면 자신을 해칠 것 같은 두려움과 증오심이 올라온다.

정신역동은 다른 말로 후천적 성격이라고 할 수 있다. 어머니 ^{중요한 인물} 와의 상호작용이라는 환경에 의해 만들어졌기 때문이다. 물론 아기의 기질이나 지능 같은 선천적인 요소들 역시 정신역동에 큰 영향을 미친다. 타고난 성향이 어머니와의 상호작용에 긍정적인 영향을 미쳤을 수도 있고 반대로 반목을 가중할 수도 있기 때문이다.

2. 인생의 결정적 시기: 0~6세

그렇다면 성격이 왜 0~6세에 형성되는가. 자라면서 성격은 변할 수 없는가? 그 이유는 0~6세가 인생에서 가장 무력한 시기이기 때문이다. 이때는 아기 스스로 자신의 욕구를 충족할 수 있는 것은 거의 없어, 모든 것을 어머니에게 의탁해야 한다. 그래서 이때 환경은 절대적인 영향력을 가지게 된다. 부모의 인품, 부모가 아기에게 가지는 감정이나 태도는 아기에게 고스란히 전달된다. 아기의 자아는 아직 어설퍼서 자신을 변호하거나 부당함을 호소할 수도 없다. 뾰족한 대처 방법이 없는 무력한 아이는 부모의 영향을 그대로 받게 된다. 생존을 위해 아이는 부모에게 어떤 방식으로든 적응을 할 수밖에 달리 방법이 없다. 이렇게 경험이 반복적으로 쌓이고 감정이 누적되면 그것이 성격으로 굳어지게 된다.

사울 ^{Saul}(1977)은 아동기 감정양식이 개인의 일생에 절대적인 영향을 미친다고 했다. 특히 3세 이전의 심각한 상처는 정신병적 장애로 이어질 수 있고, 3~6세까지의 상처는 신경증의 원인이 된다고 주장했다. 물론 정신병리를 일으키는 데는 유전을 비롯하여 많은 요인이 작용한다. 정신분석에서는 특히 환경의 영향을 강조하여, 어릴 적 의존심의 박탈과 통제가 어려운 적개심을 정신병리의 원인으로 본다.

좋은 역동이나 나쁜 역동이란 없다. 의존적 애정욕구와 적개심이 한 쌍이듯 정신역동은 긍정적인 측면과 부정적인 측면이 동전의 양면처럼 붙어 있다. 부모님이 좋은 분이라 별 탈 없이 행복하게 잘 지내서 적개심이 별로 없다는 분이 있다. 인간 세상에서 모든 것이 긍정적으로 작용하는 경우는 없다. 만약 있다면 그것은 신의 영역이다. 가족이라는 온실 속에서 자란 사람은 거친 세상을 견디는 힘이 약하다는 약점이 있다. 힘든 일이 닥치거나 자신을 받아주지 않을 때, 가족이라는 낙원으로 되돌아가려는 퇴행의 문제점도 있다. 그래서 한 사람의 정신역동을 제대로 보려면 문제가 되는 점과 장점들도 함께 파악해야 할 필요가 있다.

3. 정신역동을 파악하는 단서

아동기 감정양식을 이해하는 대표적인 단서들은 다음 네 가지이다.

① 임신기에 어머니 상태, 출생 후 6~7세까지 생활

② 어린 시절 가장 중요했던 인물[부모] 과의 관계

③ 최초의 기억들

④ 아동기 동안의 꿈, 반복되는 꿈

태어날 당시 처한 가족 환경은 성격 형성에 매우 중요하다. 그래서 자신의 역동 탐색을 위해서 나를 임신했을 때 어머니의 상황, 감정 상태부터 학교 입학 전까지 주요 사건이나 기억을 찾아보는 것은 매우 도움이 된다.

최초의 기억은 많은 것들을 설명해준다. 먼저 기억에 등장한 인물과의 관계다. 부모와의 관계 패턴은 현재 대인관계 패턴과 닮아있다. 그래서 부모에게 어떤 감정을 가졌고, 관계가 어떠했는지 파악하는 것은 매우 중요하다. 색 바랜 사진처럼 한 장에 담겨있는 기억에는 많은 것들이 포함되어 있다.

예를 들어 첫 기억이 부모가 등장하지 않고 혼자였다고 하자. 이 경우 고아처럼 삶을 헤쳐 나와 살아왔을 가능성도 있고, 자신의 속마음을 누구와도 나눌 수 없는 외롭고 고립된 처지일 수도 있다.

4. 다양한 역동

정신역동은 그 사람의 대인관계의 원형이 될 수 있다. '어떤 역동이 더 건강하고 긍정적인가'를 딱히 정할 수 없는 이유는, 역동이 사람마다 각기 다른 감정을 불러일으키고 상호작용 양상 또한 달라지기 때문이다.

예를 들어 아버지에게 사랑과 인정을 많이 받고 자란 A가 있다. A는 윗사람이 남성인 경우, 어떻게 하면 사랑과 인정을 받는지 잘 알고 있다. 불편한 상황에서도 윗사람의 심기를 건드리지 않고 어려움을 잘 해결한다. 윗사람들은 A를 사랑스럽고 기특하게 여긴다. A의 따뜻한 심성으로 친구들과 사이가 좋다. 그러나 동료 C에게만은 예외다.

동료 C의 아버지는 그다지 좋은 아버지가 아니었다. 인색하고 폭력적이고 강압적인 아버지였다. 동료 C는 A가 늘 부러웠고 질투가 났다. A가 B와 잘 지내는 것도, 윗사람에게 인정받는 것도 배가 아팠다. C가 A를 이길 수 있는 것은 좋은 실적을 내는 것이었다. 열심히 일해서 훌륭한 결과를 내는 것은 C에게 그렇게 어려운 일이 아니었다. 아버지에게 벗어나기 위해서는 좋은 대학에 가는 것뿐이라고 생각한 C는 인생의 돌파구가 열심히 하는 것이었다. 더구나 괴팍했지만 C가 공부를 잘하는 것을 무척 자랑스러워한 아버지여서, 이 방법은 이래저래 매우 효과가 있었다.

A가 아버지에게서 받은 사랑과 인정이라는 역동은 친구 B와 윗사람들에게는 긍정적인 것이 되지만, 동료 C에게는 불편한 역동을 일으킨다. C가 자극받아 쟁취한 인정은 다시 A에게 불편한 역동을 일으킨다. A에게 칭찬과 사랑은 당연히 자신의 것이어야 한다. 자기 외에 다른 사람이 사랑받는 것은 용납될 수 없다. 인정을 받았던 사람은 인정을 포기할 줄 모른다.

마찬가지로 C의 역동은 대상과 상황에 따라 긍정적인 것이 될 수도, 반대로 부정적인 것이 될 수도 있다. C의 어머니는 아버지에게 주눅 들어 의기소침하게 살아왔다. 그런 어머니가 답답하기도 하지만, 따뜻한 품성과 자식들에게 헌신적인 어머니를 가여워하며 C는 어머니에게 잘 해주려 한다. C는 폭력적이고 강압적인 윗사람을 보면 아버지를 보는 것 같아 반발심이 든다. 힘을 가진 남성이 함부로 할 때는 대들면서 강한 저항을 한다.

상대가 한 것 이상으로 경멸하고 무시하면서 적개심을 표현했다. 하지만 성실하고 헌신적인 약자에게는 매우 우호적이고 따뜻한 면이 있다.

이렇게 역동은 빛과 그림자처럼 때론 긍정적으로, 때론 부정적으로 관계에서 작용한다. 성숙으로 가기 위한 첫 단계는 감정을 자각하는 것이다. 두 번째 단계는 긍정적인 역동은 발전시키고, 관계를 파괴하는 부정적인 역동은 조절하는 것이다. 그럴 수 있을 때 내가 나의 인생에 주인공이 될 수 있다. 그렇지 않으면 역동이 자신의 인생에 주인공이 된다.

연습문제

다음과 같은 상황일 때 어떤 감정을 가질까?

1) 연이은 유산 그리고 힘들게 얻은 아이

2) 연년생 자녀

---

3) 결혼의 이유 : 혼전임신, 원가족으로부터의 탈출

4) 7남매 중 장남인 아버지. 여러 형제 중 혼자 대학을 나오고
동생들을 부모 대신 가르치고 결혼을 시켰다.

5) 공부 잘한 셋째. 두 형에게 괴롭힘을 당했다.

감정의 의미와 특징

1. 감정이란 무릎반사와도 같은 것

정신의 사전적 의미는 육체와 대비되는 말로 마음, 영혼, 심리와 같은 뜻이다. 정신의 가장 기초가 되는 요소는 감정이라 할 수 있다. 감정은 인간의 가장 근본적인 힘이고 에너지다. 감정은 우리의 기본적인 욕구를 채우게 하고, 우리를 지키고 방어하는 기능이 있다. 감정이 올라왔다는 것은 생존과 관련된 중요한 상황이니, 감정을 처리하라는 뜻이다.

그렇지만 우리 문화는 감정을 자유롭게 드러내거나 표현하는 것에 거부감이 있다. 상처받은 여성이 우는 것은 허용되지만, 남성이 그렇게 하는 것은 나약하다고 여긴다. 대신 남성에게는 분노와 고함치는 것이 허락된다. 큰소리치며 격분하는 남성을 '지금 저 남성은 상처받아 우는 것'이라고 그 누가 이해하겠는가. 분노는 가장 흔하게 경험되지만 가장 미숙하게 처리하는 감정 중 하나다(Satir, Banmen, Gerber, Gomori, 2000).

감정은 과거 경험과 깊은 관련이 있다. 과거에 해결되지 못한 감정은 시시때때로 등장할 기회를 엿본다. 그러다 어린 시절과 비슷한 상황이 연출되면 '바로 이때다'며 억눌린 감정이 튀어나온다. 이것을 무의식적인 연령 퇴행이라고 부른다. 실제 일어난 상황이나 사건과는 무관하게, 감정은 강렬하게 표현되어 상황을 난장판으로 만들고 관계를 멀어지게 한다. 생각할 틈도 없이 올라오는 이것을 감정이라고 하지 않고 감정 자동반사라고 한다. 마치 무릎반사처럼.

2. 감정의 특징

첫째, 감정은 에너지라서 표현하려는 특성이 있다. 감정은 밖으로 표출되어야 해소되고, 에너지가 돌면서 삶을 활기차게 살 수 있다. 어린 시절의 정신적인 충격과 상처가 있으면 우리 내면에는 해결되지 않은 에너지로 가득 찬 나머지 에너지 순환에 문제가 생긴다. 오래 묵은 감정일수록 파괴력이 강하다. 자동반사처럼 튀어나오는 감정은 지금-여기에 살 수 있도록 처리해달라는 아우성이다. 에너지가 정체되면 다시 감정이 쌓이고, 쌓인 감정은 우리 자신을 공격한다. '감정적'이 되는 것이 바로 여기에 해당한다.

울고 싶을 때 울지 않으면 우울에 빠질 수 있다. 실제로 감정을 억압하고 다른 행동으로 감정을 처리하면 몸에서는 감정을 억압하는 호르몬인

엔케팔린이 나온다. 충분히 울고 나면 그다음 감정을 만날 수 있다. 감정이 누그러지면서 너그러워지고 포기할 건 포기할 수 있다. 원래 자신의 감정을 자각하고 표현한다면, 감정은 이렇게 순기능적이다.

둘째, 감정은 우리를 보호하고 치유하는 기능을 가지고 있다. 슬픔은 내면을 치유하려는 감정이다. 충분히 슬퍼하면서 우는 것은 상처를 회복시키는 기능이 있다. 내면의 분노와 공격심이 울음을 통해 빠져나가는 배출구 역할을 하기 때문이다. 실제로 설리반^{Sullivan} (1982)은 눈물에는 몸 안의 독성을 씻어내는 물질이 있다는 것을 발견했다. 두려움은 지금 위험이 닥치니 피하라는 경고이다. 분노는 나의 경계나 권리를 침범당했을 때 자신을 방어하려는 감정이다. 두려움이나 분노로 인해 우리는 우리 자신을 지킬 수 있다.

셋째, 감정과 사고는 분명한 차이가 있다. 이 둘을 구분하는 방법은 무엇인가? 바로 신체적 반응을 동반하는가이다. 운다는 것에는 눈물이라는 신체적 반응이 있다. 분노하면 혈압이 오르고 소화가 안 되며 머리에서 김이 날 정도로 열이 오른다. '애간장이 녹는다.' '허파가 뒤집어진다'와 같이 우리 문화에는 감정을 신체에 빗댄 표현이 많다.

감정은 신체와 연결되어 있다. 그래서 감정을 무시하면 몸이 아프다. 감정에는 자기 보호에 대한 메시지가 담겨있는데, 특히 질병은 감정을 알아채라는 강력한 신호다. 사람들은 대부분 박탈된 의존심을 감정 차원에서 돌보지 않고 술이나 일, 자녀에 집착하고 빠져드는 것으로 해결한다.

과음, 과식, 과로, 성 등등에 중독된다면, 몸과 감정이 보내는 신호는 더욱 무시당하기 쉽다. 그래서 병에 잘 걸린다. 술이나 비만이 병의 원인은 맞다. 하지만 그 전에 박탈된 의존심과 감정을 돌보지 못한 것이 더 근본적인 원인이다.

예를 들어 알코올 중독에 걸렸다 벗어난 남편의 아내가 성병에 걸릴 확률이 높다는 연구가 있다. 알코올 중독인 남편이 이제 성 중독이 된 것이다. 아내는 매일 밤 남편의 술병이 되었고, 결국 여러 가지 성병에 걸렸다(Northrup, 1996).

무언가를 할 때 어떤 기분으로 하느냐는 매우 중요하다. 억지로, 의무감에 한 것은 결과가 좋지 않다. 설령 결과가 좋다고 해도 허무하거나 공허한 기분이 든다. 좋아서 한 일은 충만함과 뿌듯함이 있다. '내가 어떤 기분으로 말을 하고 일하는가'를 생각하면 결과가 어떨지는 명약관화 明若觀火하게 분명해진다. 내가 이 글을 재미가 있어 즐겁게 쓴다면, 글을 읽는 이 역시 재밌게 읽을 것이다(참고로 재밌고 즐겁게 썼다).

3

마음이 건강한 사람이란

마음^{정신}이 건강한 사람의 특징을 감정 차원에서 보면 다음과 같다.

첫째, 건강한 사람은 감정을 억압하지 않는다. '다른 사람에게 자신이 약하게 보여질까'하는 염려 없이 감정을 있는 그대로 표현한다. 약한 모습이 드러나도 감당할 수 있고, 자기 모습 그대로 보여줘도 괜찮다고 여긴다. 그래서 억압이 덜하다.

둘째, 감정이 다양하고 풍부하며 표현할 수 있다. 그러려면 1) 자신의 감정을 잘 알아야 하고, 2) 스스로 감정을 존중하고 인정할 줄 알아야 한다.

셋째, 감정이 사건이나 상황에 비례적이다(최경희, 2000). 감정을 긍정적인 감정, 부정적인 감정으로 구분하는 것은 적절하지 않다. 그보다는 비례적인지, 아닌지가 더 중요하다. 예를 들어 소중한 사람을 잃거나 힘든 일을 당했을 때, 슬픔이나 고통은 비례적이고 당연한 감정이다. 힘들어도 슬퍼도 내색하지 않고 억압하는 것^{비례적이지 않은 것}이 더 문제다. 비례적으로 느낀다는 것은 현실을 크게 왜곡시키지 않는다는 뜻이고, 현재를 있는 그대로를 본다는 뜻이다.

예를 들어 자녀가 학교에서 친구와 다퉈 화가 났다. 자녀의 분노가 5라고 할 때 어머니가 5로 반응하며 들어주는 것은 비례적이다. 그래서 자녀는 어머니로부터 이해받고 공감받았다고 느낀다. 어머니가 8로 반응하며 (최경희, 2000), 학교를 찾아가 교사에게 따지고 친구 부모를 찾아가 싸운다고 하자. 자녀는 자신의 분개한 사건보다 8로 반응하는 어머니가 창피하고 더 불안할 것이다. 반대로 2로 반응하며 "별일 아니다, 넓은 마음을 가지거라"하며 자녀의 감정을 가볍게 받아들인다면 자녀는 그런 어머니가 섭섭하고 야속할 것이다.

이런 과잉 반응이나 축소 반응은 공감이나 이해와는 거리가 멀다. 또 자녀를 불안하게 만든다. 감정이 비례적이지 않으면, 사고도 비례적이지 않고, 행동도 비례적이지 않다. 심각하게 비례적이지 않은 것, 즉 왜곡된 감정과 사고는 정신질환의 특징 중 하나다. 감정이 비례적이지 않은 이유는 바로 정신역동 때문이다. 과거 감정이 현재의 감정에 더해져서 더 크게 폭발할 수도 있고, 반대로 축소해서 무시하며 넘길 수도 있다.

넷째, 마음이 건강한 사람은 감정이 누구의 것인지, 그 경계 구분이 분명하다. 누구의 것인지 알아야 감정에 책임을 질 수 있고 휘말리지 않을 수 있다.

다섯째, 갈등이 일어났을 때 감정을 통제할 수 있어 상황에 적절하게 대처할 수 있다. 그래서 역지사지易地思之가 가능하다.

여섯째, 감정은 영혼영성과 직접 연결되어 있다. 감정이 열려 있어야 직관력을 가질 수 있다. 감정과 직관이 살아있어야 영혼의 메시지를 들을 수 있고, 깨달음을 얻을 수 있다. 자신의 감정을 잘 알고 잘 다루는 사람만이 신의 목소리를 들을 수 있다.

생각해보기

Q. 감정을 책임진다는 것은 무슨 의미인가?
   화를 낸 후 책임져야 할 것들은 무엇일까?

자신의 감정을 파악할 줄 안다는 것, 즉 정신역동을 파악하는 것은 자신을 아는 첫걸음이다. 정신역동은 나를 이해할 수 있는 중요한 단서가 된다. 만약 스스로 알기 어렵다면 방어를 느슨하게 풀고 가장 가까운 사람, 배우자나 자녀의 피드백을 구해보자. 그들이 지적하는 '나의 이해되지 않는 점'에 집중해 보자. 회피하지 말고 머물면서 자신의 과거와 연결해 보는 것이다. 자신의 감정을 이해하고 수용한 만큼 상대방의 감정도 딱 그만큼 이해할 수 있다.

감정을 다루고 표현하는 것은 그렇게 쉬운 일은 아니다. 특히 중요한 관계에서 민감한 주제를 다룰 때는 더욱 그렇다. 대인관계에서 감정을 다루는 방법으로 그동안 많은 책과 강의에서 '나-전달법 I-Message'과 적극적 경청을 다뤘다. 여기서는 그 방법 외에 부모와 자녀 사이에서 역동을 대하는 태도와 마음가짐을 살펴보려 한다.

감정을 표현하는 방법

1. 묵은 감정 처리하기

의존적 애정욕구라는 측면에서 보면 자녀가 가지는 적개심은 너무나 당연한 감정이다. 적개심의 양상은 다양하게 표출될 것이고 감정의 빛깔도 복잡다양하다. 다음은 부모에게 가진 해묵은 감정을 작업할 때 고려할 점이다.

첫째, 자녀가 부모 곁을 떠나기 전에 이 작업을 반드시 하는 게 좋다. 아직 기세등등한 부모가 두려워 표현이 어렵다면, 적어도 결혼 전에는 이 작업을 자녀가 꼭 하는 게 필요하다. "이 작업을 꼭 해야 하는가?"라는 질문이 있을 수 있다. 독립 전보다 독립한 후에 이 주제를 다루는 것이 훨씬 부담스럽고 어려울 수 있다. 이 숙제를 계속 미룬다면 감정의 앙금이 관계를 더 악화시킬 것이다. 더 멀어지고 벽은 두꺼워져 관계는 소원해진다. 차곡차곡 쌓아둔 세월만큼 감정의 폭발력은 거세져 관계를 돌이킬 수 없게 만들지도 모른다.

둘째, 이런 이야기를 부모가 감당할 수 있을지 부모의 형편을 살필 필요가 있다. 나의 부모가 자녀의 불편하고 힘든 감정을 받아 줄 분인지, 그리고 받아 줄 상황인지 살펴야 한다.

대부분 부모는 자녀의 상처에 관한 토로를 받아주기 어려워한다. 왜냐하면, 부모 자신도 상처를 처리하지 못했기 때문이다. 자아가 약한 부모는 자녀의 고백을 공격으로 받아들인다. 또 부모의 상황이 받아주기 힘든 형편인 경우도 많다. 예를 들어 극심한 스트레스 상황이라던가, 몸이 불편하고 아프다던가, 허기지고 피곤함에 지쳐있는 경우다. 이런 상황은 몸도 마음도 모두 약해져, 자기 자신 하나 살피는 것도 힘겹다.

셋째, 부모는 자녀의 솔직함을 환영해야 한다. 자녀가 부모에 대한 적개심을 말한다는 것은 쉬운 일이 아니다. 상당한 용기가 필요하다. 솔직하게 부모에게 말하는 자녀에게 고마운 마음을 가져야 한다. 적개심을 다룰 수 있는 관계가 진정한 관계다. 괘씸함과 배신감에 떨지 말고 자녀의 고백을 환영할 수 있는 부모가 되어야 한다.

다음은 자녀가 해묵은 미해결 감정을 부모에게 말하는 구체적인 방법들을 제안하려 한다. 첫째, 부모에게 "내가 용기를 내어 말하는 것이니

10분만 아무 말 않고 조용히 경청해 주길 바란다"라며 정중히 요청한다. 그리고 "오랫동안 용기가 없어서 하지 못 했다. 많은 고민 끝에 이야기하는 것이다"라며 그동안의 고심과 노력을 어필한다. 부모 역시 마음의 준비 시간이 필요하기에 이 과정은 꼭 필요하다.

둘째, 이때 천천히 말하는 것이 중요하다. 천천히 말하면 듣는 상대방이 주의를 기울일 수 있다. 그리고 말이 매우 신중하게 들리는 효과가 있다. 또 천천히 말하면 말하는 사람의 감정이 흐트러지지 않아 침착할 수 있고, 하고자 하는 말을 끝까지 말할 수 있다. 무엇보다 천천히 말하면 두 사람 간의 불안을 상당히 줄일 수 있다.

셋째, 부모에게 "지금부터 하는 말들이 매우 불편할 수 있다, 하지만 이렇게 하는 것은 부모가 너무 중요한 사람이고, 부모와 매우 잘 지내고 싶은 간절한 소망이 있기 때문"이라는 것을 밝힌다. 이렇게 의도를 분명하게 하는 것은 듣는 이의 불안을 감소시킨다. 명확한 목표를 제시했기 때문에 부모와 자녀 모두 불편한 감정을 견디기가 훨씬 수월하다. "이런 불편한 감정과 기억을 이야기하면 그 감정에서 벗어날 수 있게 되고, 마음이 홀가분해져서 부모를 진정 편하게 대할 수 있을 것"이라는 기대 역시 언급할 필요가 있다.

넷째, 그다음 솔직하게 이야기하라. 특히 이 부분은 '나전달법'의 기술이 필요하다. 부모가 참지 못하고 끼어들면 "잠시 더 들어달라"고 요청한 후 끝까지 하고 싶은 말을 한다. 만약 감정이 올라오면 감정이 시키는 대로 울며불며 이야기하길 바란다. 그렇게 하는 것이 훨씬 효과적이다.

다섯째, 이야기를 다 끝내고 "들어줘서 감사하다"는 말을 잊지 말자.

여섯째, 부모가 어떻게 나오든 그 결과에 연연하지 않길 바란다. 부모가 용서를 구하든, 이해하든, 거부하며 부인을 하든 부모의 반응에 구애받지 않길 바란다. 자신이 이야기한 것은 부모의 수용을 바라서가 아니다. 그저 나 자신을 위해서 하는 것이다.

부모도 나름대로 사정과 입장이 있어서 반박이나 변명을 할 수 있다. 자녀의 경험을 부정하거나 거부할 수도 있다. 부모가 그렇게 해도 할 수 없다. 그것은 부모의 몫이다. 이때 감정의 경계를 분명히 하는 것이 중요한데, 부모가 받아들이지 않았다고 해서 자신의 노력이 무가치하거나 소용없는 것이 아니다. 만일 부모가 수용해 준다면 그것은 매우 감사하고 다행인 일이다.

2. 비겁한 감정 토로: 뒷담화

대인관계에서 감정을 다루는 것은 어려운 일이다. 그래서 우리는 뒷이야기 소위 뒷담화라는 방법을 곧잘 사용한다. 왜냐면 뒷담화의 장점은 일단 안전하기 때문이다. 불편한 주제를 꺼내 상대의 기분을 상하게 할 필요도 없고, 관계가 위태로워질 가능성도 작다. 전혀 상관없는 사람에게 뒷담화를 하는 것이 가장 안전하지만 늘 그럴 수도 없는 일이다. 자신이 한 뒷담화가 돌아 돌아 당사자의 귀에 들어갔을 때의 난처함을 겪어

보지 않은 사람은 아마 드물 것이다. 곤란한 상황을 마주했을 때 우리는 어떻게 해야 하는가? "누구에게 들었냐"며 발설한 사람을 원망하지는 않는가? 다음과 같은 대안은 어떨까.

첫째, 위에서 말한 것처럼 너의 기분을 상하게 만들고 싶지 않았고, 우리의 관계를 위험하게 만들까 봐 두려웠다는 고백이 필요하다.

둘째, 당사자에게 직접 이야기하지 못한 나의 비겁함도 인정해야 한다.

셋째, "너는 나에게는 중요한 사람이고, 너와의 관계가 너무 소중하다"는 점을 강조해야 한다. 그동안 불편한 감정 때문에 마음이 무거웠고 이런 마음을 표현해야 할지 말지 무척 고민했다는 것을 알려야 한다.

넷째, "나의 공격성이 관계를 엉망으로 만들어 혹여 관계가 깨질까 봐, 너에게 상처를 줄까 봐 두려웠다. 하지만 꾹꾹 참고 있기에는 속상하고 답답해서 다른 사람에게 말을 할 수밖에 없었다"라는 자신의 불안을 말한다.

이렇게 이야기할 수 있는 여유와 태도를 보일 수 있다면 당사자와 마주 보며 감정을 푸는 것도 잘 할 수 있을 것이다. 여기서 중요한 점!! 자신이 뒷담화를 했다고 쿨하게 인정할 수 있을 만큼 뒷담화 수위 조절은 반드시 필요하다.

감정은 전염된다: 전이와 역전이

1. 전이감정

아동기 시절에 중요했던 사람에게 느꼈던 감정이 현실에서도 무의식적으로 작용하는 것을 **전이감정**이라 한다(Saul, 1972). **전이**란 내적 대상 이미지를 외부 사람에게 투사하는 것이다. 정신역동의 주된 작업은 바로 전이감정을 다루는 것이다. 그래서 과거를 소환할 수밖에 없다. 상담자와 내담자 관계에서 전이감정을 재현하는데, 이때 내담자는 상담자를 자기 부모 대하듯 하는 경우가 많다.

과거 상처받았을 때처럼 살지 않으려 부단히 노력하지만, 어느새 보면 과거와 별반 다르지 않다. 왜냐면 고장 난 녹음기처럼 어린 시절 감정을 되풀이하는 전이감정이 과거와 비슷한 문제를 만들기 때문이다. 하지만 사람들 대부분은 전이감정이 있다는 사실조차 알지 못한다. 그래서 스스로 전이감정을 자각하거나 통제하기란 어려운 일이다. 만약 비슷한 양상의 문제가 계속 터지거나 관계에서 어려움이 반복적으로 일어난다면, 자신을 먼저 탐색할 필요가 있다.

많은 사람이 자기 몫을 보기보다는 상황 탓이나 상대방 탓을 한다. 이것은 매우 편한 방법이긴 하지만 매우 미숙한 방법이기도 하다. 그때그때 감정을 표현하지 못하고 꾹 참고 있다가 비슷한 상황이 되면 만만한 상대를 골라 해묵은 감정을 터뜨린다. 부모가 자녀에게 이렇게 하기 십상이다.

전이감정에 휘말리면 첫째, 지금 자신의 욕구가 아이의 것인지 어른의 것인지 구분할 수가 없다. 좌절된 욕구가 오래된 것일수록, 어린 시절에 생긴 것일수록 욕구를 채우려는 힘은 막무가내일 것이다. 전이감정이 초래한 결과는 참담하다. 왜냐면 이들은 사람을 보는 기준이 오로지 '자신의 의존욕구를 들어 줄 사람인가'이기 때문이다.

둘째, 자기 욕구대로 상대를 투사해서 본다. 사람을 보는 시각이 매우 어린 아이 같아서 ^{미숙해서} 상대가 그럴 만한 사람인지 아닌지를 객관적으로 판단하는 능력이 부족하다.

셋째, 상대방에 대한 거창하고도 비현실적인 기대는 관계에서 오해와 갈등을 불러일으킨다. 이것이 전이감정이 하는 일이다. 전이감정은 그 사람을 매우 유아적인 사람으로 만들고, 상대방을 부모처럼 박탈감을 안

겨주는 나쁜 사람으로 만든다. 그래서 전이감정이 하는 일은 결과가 엉망이다. 전이감정을 자신의 몫으로 받아들이게 되면, 자기를 진정으로 이해할 수 있고 역지사지의 관계를 맺을 수 있다.

현실이 더 중요하지, 왜 굳이 과거를 다루느냐고 물을 수 있다. 당연히 할 수 있는 질문이다. 지금은 그 사람도 없고, 사건도 종결되어서 과거와 상황이 사뭇 달라졌다. 그렇지만 가장 중요한 점, 과거의 감정 양식이 그대로 살아 움직이고 있다. 왜냐면 그때의 상처가 아직도 아물지 않았기 때문이다. 해결되지 않은 감정은 시공간을 초월한다. 시도 때도 없이 해결해달라고 요구한다. 지금이라도 그 상처를 보듬고 돌보고 낫게 해야 한다. 그것이 정신역동 작업이다. 정신역동은 현재를 가장 현재답게 살기 위한 작업이다.

전이감정을 다루는 가장 좋은 방법은 무의식에 있는 어릴 적 갈등과 감정을 계속 반복적으로 표현하는 것이다. 정신분석을 '갈등의 심리학'이라고 부른다. 프로이트의 위대한 업적 중 하나는 '말하기'가 해묵은 감정과 갈등을 푸는데 탁월한 방법이라는 것을 발견한 점이다. 전이감정을 통해 박탈되었던 의존적 애정욕구와 적개심, 불안, 갈등을 다시 불러내 재경험하게 만든다. 그러면서 강렬한 감정이 머문 그 사건을 다시 해석하고 이해하는 것이다. 어릴 적에는 반드시 받아야만 했지만, 이제는 그럴 필요가 없는 의존욕구에 이별을 고한다. 스스로 그 욕구를 충족시킬 수 있다고 선언한다. 그래서 과거의 부모와 분리되어 독립된, 오롯이 고유한 자신으로 사는 것이다. 그러나 이런 작업은 저절로 되는 것이 아니며 큰 노력과 오랜 시간이 필요하다.

만약 지금도 충족이 필요한 의존욕구라면, 어떻게 충족시킬지 현실적인 방법을 찾아볼 필요가 있다. 먼저 느닷없이 올라오는 핵심감정을 밀어내지 말고, '자신'을 잘 관찰해본다. 자신이 어떤 종류의 자극에 예민하게 반응하고 취약해지는지, 역동이 올라왔을 때 상대방을 어떻게 바라보는지를 자각한다. 스스로가 감당해야 할 몫은 무엇인지, 결국 이런 것을 깨닫는 과정이 정신역동 작업이다. 정신역동을 통해 변화되어야 할 것은 그 나이에 걸맞게, 상황에 어울리게, 현실적으로 가능한 방법으로 행동하는 것이다.

아동기 감정 양식은 완벽하게 해결되지 않는다. 부분적으로 수정 가능하다고 한다. 그럼에도 자신의 강렬한 불안에 휘둘리지 않고 자신의 감정을 바라볼 수 있으며 대인관계에서 상대 탓을 하지 않고 자신의 몫을 인정한다면 '대박 난 인생'이다.

2. 역전이

역전이는 상담자의 해결되지 않은 감정을 내담자에게 투사하는 것을 말한다. 프로이트는 역전이를 치료에 부정적인 영향을 주는 요인으로 보고, 무의식적이고 유아적인 역전이를 상담자가 반드시 해결해야 한다고 강조하였다.

그러나 최근에는 역전이를 유용한 치료 도구로 여기는 경향이 있다. 이때 관건은 '상담자가 자신의 감정을 얼마나 잘 수용하고 자각하는가'이다. 컨버그 Kernberg (1965)는 상담자가 보통 수준의 공감 능력이라면 역전이가 일어날 수 있다고 경고하였다. 자신의 전이감정 작업을 많이 경험한 상담자, 전이감정 해결 훈련이 잘된 상담자일수록 역전이는 유용하다. 숙련된 상담자에게 역전이는 상담을 방해하는 부적절한 상담자의 감정이 아니라, 내담자에 대한 의식적이고 적절한 감정 반응이다.

상담자는 역전이를 통해 내담자 내면에 대한 중요한 정보를 얻을 수 있다. 내담자는 부모에게 느끼는 감정을 상담에 그대로 가져온다. 내담자가 부모를 어떻게 경험하는지, 부모는 내담자를 어떻게 여기는지, 내담자는 상담자가 알아챌 수 있도록 상담 장면에서 그대로 재연한다. 그래서 역전이는 내담자를 이해할 수 있는 소중한 단서가 된다. 내담자가 감정 통제가 어려울수록, 그리고 자아가 취약할수록 내담자가 상담자에게 보내는 투사는 강렬하다.

역전이를 처리할 수 있는 방법 중 하나가 바로 비온 Bion (1962)의 담아내는 것과 담기는 것을 활용하는 것이다. 아이가 감당하기 어려운 강한 감정을 부모에게 불편하다고 표현한다. 아이가 느끼는 감정을 부모도 유사하게 느끼는데 이것을 대인 간 **투사적 동일시**라고 한다. 부모는 아이가 투사한 감정을 부모 자신의 것으로 내면화한다. 그런 다음 그 감정을 담아내고 나름대로 부모가 조절해서 아이가 받아들이기 쉽게 감정을 바꿔 다시 아이에게 되돌려 준다. 대개 보듬어주는 행동이나 혹은 공감하는 말이 여기에 해당된다. 부모가 되돌려 준 감정을 아이는 다시 내사하면서 자신의 경험을 변화시킬 수 있다(Hamilton, 1996).

상담에서도 마찬가지다. 상담자는 내담자가 이야기하려는 감정과 과거 경험을 담아내고 조절하고 바꿔서 내담자에게 되돌려 주면서 깊은 공감을 한다.

만약 내담자의 이야기가 공감되지 않고 오히려 불편한 감정이 올라온다면, 상담자는 그 어떤 행동도 취하지 말라고 권하고 싶다. 그저 가만히 있는 것이 오히려 나을 수 있다. 상담자가 발끈한다든가, 내담자를 거부한다든가, 되받아치면서, 상담자가 역전이에 휘말려 버리면 상담은 그야말로 난장판이 되어버린다. 상담자마저도 자신을 이해해주지 못한다고 내담자는 낙담할 것이고, 자신은 구제불능, 잘못된 인간이라고 절망할 수 있다. 강한 거부가 아니더라도 상담자가 느끼는 불편함은 암묵적으로 내담자에게 '너는 문제가 있다'라는 메시지로 전달된다.

반대로 상담자가 내담자의 느낌을 담아내어 조절해서 내담자에게 돌려주면 내담자는 안심한다. 역전이를 효과적으로 활용하려면 상담자가 방어하지 않고 자신의 감정을 자각할 수 있어야 한다. 상담자가 자신의 감정을 억압하는 것도 효과적이지 않다. 상담자가 분노를 억압하면 죄책감이나 지루함으로 대치될 수 있다. 두려움은 무관심으로, 성적인 흥분은 경멸이나 도우려는 소망으로 위장될 수 있다(Hamilton, 1996).

프로이트의 정신분석은 시간이 지나면서

리비도를 중심으로 한 이드심리학에서 자아심리학으로 발전했다.

그 이유는 인격장애를 비롯한 심각한 정신질환 환자들을

초기 프로이트 이론으로는 설명할 수 없었기 때문이다.

외디푸스 이전의 경험을 설명할 수 있는 더 확장된 이론이 필요하였다.

이드심리학에서 시작한 이론은 안나 프로이트를 중심으로 한

자아심리학, 그리고 멜라니 클라인이 시작한 대상관계이론으로

확대·수정·발전되었다.

대상관계이론은 학자마다 사용하는 용어와 뜻이 달라

통일된 이론체계가 없다는 것이 가장 큰 흠이지만,

인간과 관계를 이만큼 풍부하고 뛰어나게 설명한 이론도 드물다.

이 장에서는 대상관계이론에 관한 소개와

멜라니 클라인의 이론을 살펴보면서 인간과 관계를 다루고자 한다.

--- 3장 ---

정신분석,
관계를 말하다

대상관계이론이 태어나다

1. 어머니의 젖보다 따뜻한 품

동물행동학자 할로우 Harlow 는 실험실의 새끼 원숭이에게 젖이 있는 철사로 만든 인형과 젖은 없지만 포근한 헝겊으로 만든 인형을 주었다. 그러다 갑자기 무섭고 낯선 것이 실험실에 쳐들어왔다. 그때 깜짝 놀란 새끼 원숭이가 찾은 인형 어머니는 누구였을까? 새끼 원숭이는 젖을 주는 인형보다 포근한 헝겊 인형에게 매달리고 안기며 위안을 얻었다. 이 실험을 통해 애착을 위해서는 젖이라는 본능 충족보다 위로와 안정을 주는 포근한 품이 더 중요하다는 것을 알게 되었다.

인간의 경우는 어떨까? 프랑스 정신과 의사 스피츠는 원숭이 실험과 비슷한 결과를 발견했고, 그것은 대상관계이론이 만들어지는 시작점이 되었다. 제1·2차 세계대전 이후 전쟁고아를 위한 시설이 유럽 곳곳에 생겼다. 스피츠는 루마니아의 보육원 시설에 있는 3~12개월 아동을 관찰하였는데, 시설은 청결하고 위생적이었으며 아이들에게 제공되는 식사 또한 최고였다. 그런데도 91명의 아이 중에 ⅓이 2살 이전에 사망하였고, ⅓이 6살 이전에 사망하였다. 사망원인은 병에 걸린 것도 굶주린 것도 학대를 당한 것도 아니었다. 아기들은 표정이 사라지고, 체중이 줄고 무기력해지면서 시들어갔다. 스피츠는 그것을 의존우울증이라고 불렀다. 살아남은 ⅓마저도 자폐, 과잉행동 같은 정신적인 문제를 가졌다.

반면 어머니가 수감자인 교도소 시설의 아이들은 더럽고 음식도 엉망인 환경에서 자랐지만 죽은 아이가 단 한 명도 없었다. 두 시설의 차이점은 보육원의 경우 보모가 아이를 거의 안아 주지 않아 아기 혼자 늘 누워있었지만, 교도소 시설은 어머니와의 접촉이 충분했다는 점이었다. 스피츠는 아기에게 깨끗한 환경과 음식이 전부가 아니며 그보다 중요한 것은 피부 접촉이라는 것을 알게 되었다. 스피츠는 아이가 살아남으려면 정서적 연결은 필수적이라고 했다. 정서적 연결은 모든 심리학적인 발달이 일어날 수 있게 만드는 시작점이자 본질이다.

2. 대상관계학파가 말하는 인간의 기본욕구

프로이트는 인간의 기본욕구를 '본능적인 충동을 만족시키는 것'으로, 대상이란 그 충동을 채워주는 어떤 존재라고 보았다. 하지만 대상관계이론에서 인간의 기본욕구는 '관계를 맺고자 하는 욕구'라고 본다. 그래서 대상의 의미 또한 의존의 대상, 사랑하고 미워하는 심리적 대상의 의미가 강하다.

관계의 중요성을 보여준 실험, 감각박탈실 실험

제2차 세계대전 후 세뇌 교육을 위해 여러 가지 연구가 시도되었는데 그 연구 중 하나가 솔로몬Solomon 과 클리만Kleeman (1975)의 감각박탈 실험이다. 외부 세계와 철저히 격리되게끔 고안된 것이 감각박탈실인데, 이 실험실의 벽은 모든 것이 차단되게끔 두꺼운 콘크리트와 코르크로 만들어졌다. 피험자의 머리 위에는 숨을 쉴 수 있게 후드가 설치되었고, 피험자는 미지근한 물 속에 홀로 지냈다. 이 실험은 세상과 연결된 인간의 모든 감각을 차단했을 때 인간에게는 어떤 일이 일어나는지 알아보는 실험이었다. 세상과 모든 관계를 끊은 인간은 자기 자신에게 더 몰두하고, 자신의 감각에만 오롯이 집중할 수 있었을까? 결과는 정반대였다. 피험자에게는 정신이 와해 되는 심각한 변화가 일어났다. 생각에 집중할 수 없었고, 사고를 조직화하는 능력을 잃기 시작하면서 신체에 대한 환상과 환각이 일어났다. 시공간 감각이 무뎌지며 정체감을 상실하였다.

환상과 환각은 내부와 외부를 구분할 수 없다는 뜻이고 자기와 대상 간에 혼동이 일어났다는 뜻이다. 고립은 자기 자신에게 집중하여 오로지 자기만의 감각을 느끼게 하지 않고 오히려 공생이나 정신질환과 비슷한 상태가 되었다 (Hamilton, 1990). 그만큼 우리에게는 관계가 중요하다. 관계가 없으면 정신이 와해될 만큼 어려움을 겪을 수 있다. 관계를 맺으려고 하는 욕구는 본능이다.

'나'라는 사람은 부모를 합친 것이다

1. 대상

'대상관계이론'에서 대상이란 무슨 뜻인가? 대상이라는 개념은 프로이트가 '본능을 만족시켜 주는 **대상**'으로 처음 사용했는데, 대상관계학파에서는 이 개념을 전면으로 부각시켰다. 대상[1]은 정신적 에너지^{애정이나} ^{증오} 가 향하는 사람, 장소, 사물, 개념, 환상, 기억을 말한다. 쉽게 말해 강렬한 감정이 붙여진 것이라면 모두 대상이라고 할 수 있다.

---

1 대상 즉 '마음속의 이미지'는 이론가마다 다양한 이름으로 불러왔다; 내적 대상(internal object), 환상적 타자(illusory object), 내사(introjection), 인격화(personification), 표상(representation)

보리밥은 아버지에게는 보릿고개를 넘던 시절, 가난하고 서러웠던 그 때 감정을 불러일으키는 음식이다. 그래서 아버지는 보리밥을 싫어하신 다. 아버지에게 보리밥은 지겹고 가난해서 불행했던 감정이 담긴 대상이 된다. 반면 딸에게는 구수하고 맛있는 건강식이다. 이때 아버지에게 보리 밥은 대상이다.

스무 살 시절 노래를 들으면 '그 사람'이 생각나고 그때 아련했던 기분 이 든다. '그 사람'과 그 시절 그 노래는 대상이 된다. 사랑받고 싶고 사 랑을 주고 싶은 강렬한 욕구가 투사된 대상이 '그 사람'이고 노래다.

생의 초기 아기의 생존에 필요한 욕구를 만족시켜 주는 대상, 가장 가 까이에서 아기를 돌보고 밀접하게 상호작용한 대상, 아기의 '나'를 만드 는데 중요한 대상은 바로 어머니라고 할 수 있다. (그래서 이 책에서는 대 상과 어머니를 혼용해서 사용하기로 한다.)

일상생활에서 관계를 맺고 있는, 실제 실존하는 어머니를 외적 대상이 라고 한다. 반면 내적 대상은 외적 대상을 내면화한 것으로 마음속에 있 는 어머니를 향한 느낌, 기억이나 경험의 흔적 등 어머니에 관한 이미지 다. 그래서 어머니가 살아 있든, 죽어서 곁에 없든, 실제 존재 여부는 중요 하지 않다. 어머니에 대한 이미지는 실제 어머니 모습과 다른 모습일 수 있다. 실제 객관적인 모습보다 그 사람 마음속에 있는 느낌이 훨씬 중요 하다(Greenberg & Mitchell, 1983).

같은 어머니 밑에서 자란 형제라도 어머니에 관한 이미지는 모두 다르다. 맏이의 어머니는 젊고 의욕이 넘치지만, 부모 역할이 처음이라 서툴다. 맏이는 어머니의 높은 관심을 때론 고맙게, 때론 불안하게 느낀다. 어머니의 통제와 간섭이 숨 막히고 무섭기도 하다. 막내에게 어머니는 느슨하고 편안하게 품어주는 어머니지만, 나이 들어 에너지가 달리고 기운 없는 어머니다. 막내는 그런 어머니가 가여우면서도 서운하다. 이처럼 형제마다 어머니에 대한 이미지는 제각각이다. 그래서 맏이의 어머니와 막내의 어머니는 같은 어머니가 아니다.

2. 자기

인간이 태어나서 해야 하는 가장 중요한 과제 중 하나는 어머니에게서 떨어져 나와, 한 사람으로서 확고한 자기를 만드는 것이다. 아기에게는 자기를 만드는 것이 우선일까? 아니면 어머니라는 대상과의 관계를 만드는 것이 우선일까?

이 질문은 마치 '달걀이 먼저냐? 닭이 먼저냐?' 같은 질문이다. 이 질문에 대상관계이론에서는 '관계가 먼저'라고 답한다. 신생아실 유리창 너머 아기를 보는 부모나 조부모의 반응을 보자. 대부분 시간을 잠만 자는 아기에게 먼저 반응을 보이는 것은 부모다. 아기의 모습을 보고 "어떻게 생겼다, 누굴 닮았다, 천사"라며 신기함과 감탄을 연발한다. 이렇게 부모는 아기에게 관계를 맺자고 먼저 손을 내민다.

아기는 '자기'를 만드는 것보다 어머니와 다른 사람을 구분하고 파악하는 것이 더 중요하다. 태어난 지 며칠 안 된 아기가 어머니 젖과 다른 사람의 젖을 냄새로 구별할 줄 안다. 이것은 대상을 구별하는 능력이 자기를 인식하는 것보다 생존에서 더 중요하기 때문이다.

아기가 '자기'를 만들려면 어떤 재료가 필요하다. 이때 '자기'를 만드는 재료는 중요한 대상과의 관계 경험이다. 아기에게 최초의 대상관계는 어린 시절 어머니와 아기가 한 몸이었던, 공생적 자기-대상이다. 아기가 어머니와 경험한 매일 매일의 감정들이 누적되면, 이것이 아기의 성격을 이루는 근간^{정신역동}이 된다. 아직 자신의 기분이나 상태를 말로 표현할 수 없는 아기에게, 어머니는 젖을 먹이고 기저귀를 갈면서 지금 아기의 기분과 상태를 대신 읽어주고 어떤 상황인지 알려준다. 이렇게 생애 처음 만나는 중요한 대상인 어머니가 해주는 공감과 반영은 아기의 '나'를 만드는 주 원천이 된다.

페어벤과 컨버그의 개념 정의는 대상관계이론의 특징을 매우 잘 보여준다. 페어벤은 **자기^{self}란 그 사람에게 중요했던 과거 사람들이 내면화되어 구성된 이미지로 이루어진다**고 했다. 컨버그는 대상관계를 **자기이미지, 어머니^{대상} 이미지, 그리고 감정적 색채**로 이루어져 있다고 했다.

페어벤과 컨버그의 정의를 다시 풀어쓰면 다음과 같은 이야기가 된다. 아버지와 어머니에게서 의존적 애정욕구가 충족되면 그것은 부모를 향한 긍정적인 감정이 되고, 박탈되면 적개심 즉 부정적 감정이 된다. 아버지에 관한 긍정적·부정적 감정과 어머니에 관한 긍정적·부정적 감정의 합이 '나'라는 사람이 되고 나의 역동이 된다. 부모와의 관계에서 만들어진 부모에 대한 이미지와 감정이 곧 성격을 만드는 토대가 되는 것이다. 대상관계이론에서 한 사람의 인격은 과거 대상관계에서 경험했던 것의 집대성이라고 본다.

여기서 중요한 것은 부모를 긍정적으로 경험하든, 부정적으로 경험하든 '경험'하는 것이다. 두드려맞고 욕을 먹고 무시당하는 부정적인 경험을 하면 아이의 내면은 부정적인 감정과 부모를 향한 부정적인 이미지로 채워질 것이다. 그런데 부정적인 경험보다 더 나쁜 것은 아무런 경험을 하지 않는 것이다. 어떤 경험도 없으면 아기의 내면은 채워질 거리가 없어 텅 빈 상태가 된다. 부정적이더라도 무언가로 채워지는 것이 낫다. 아기의 내면이 모두 유쾌하고 좋은 감정으로 채워지는 것은 불가능한 일일 뿐만 아니라 그다지 바람직하지도 않다. 그저 긍정적 감정을 부정적 감정보다 조금 더 많이 경험하면 된다.

연습문제

어릴 적 내 주변의 인물을 떠올려보자.

1) 위로가 되고 의지가 되었던 사람은 누구였는가?

2) 싫었던 사람은 누구였는가?

좋은 학교를 나와 탁월한 능력과 높은 지위를 가진 아버지, 게다가 인품까지 훌륭한 아버지가 있는 아들에겐 어떤 아버지 이미지가 있을까? 아들은 훌륭한 아버지가 자랑스럽고 든든하고 뿌듯하다. 아버지를 닮은 자신도 괜찮은 사람으로 느껴진다. 하지만 자신을 성공을 이룬 아버지와 비교하면, 자신이 초라하고 열등하게 보인다. 아버지만큼 이뤄야 한다는 생각에 부담스럽기도 하다. 이렇게 아버지에 대해 느낀 감정들이 아들 성격의 일부가 된다.

3. 어머니와 아기는 한 쌍의 관: 대상관계

자기이미지와 대상이미지는 각각 따로 존재하는 것이 아니라 관계 안에서 한 쌍의 단위로 존재한다. 어머니와 할머니를 대하는 태도가 정반대인 아이가 있다. 어머니는 '말도 안 듣고 애만 먹이는 성가신 아이'라고 한다. 반면 할머니는 '너무 예쁘고 기특한 내 새끼'라고 한다. 이렇게 어머니와 할머니가 상반된 시각을 가지는 이유는 어머니와 아이의 대상관계와 할머니와 아이의 대상관계가 다르기 때문이다. 마치 양손을 서로 깍지 낀 것처럼 대상관계는 서로 꼭 맞는 짝이 된다. 할머니가 기특하고 똑똑하고 예쁘다는 손자이미지를 가지면, 그것이 아이의 자기이미지가 되고, 아이는 자기이미지 대로 행동을 한다. 그래서 예쁜 짓을 하는 것이다. 반면 어머니가 귀찮고 성가시고 괴롭히는 아이라는 이미지를 아이에게 가지면, 아이는 그에 걸맞은 자기이미지를 만들어 행동한다. 그래서 아이는 어머니의 말을 듣지 않고 성가신 행동을 하는 것이다. 어머니의 아이에 대한 환상과 기대가 곧 그 아이의 운명이 된다.

대상관계이론에서는 정신질환에 따라 어머니를 어떻게 인식하는지, 어머니에게 어떤 인정을 받길 원하고, 어머니의 어떤 부분을 두려워하는지, 불안을 처리하기 위해 어떤 방어기제를 사용하는지 등 대상관계의 특징이 달라진다고 본다. 이렇게 볼 때 대상관계는 인간의 운명을 결정한다고 해도 과언이 아니다. 그 이유는 인간은 태어나서 3년 동안 어머니가 해줬던 것과 똑같은 질과 양의 에너지를 지금 관계하는 사람들에게서도 똑같이 받으려 하고, 어머니와의 관계와 똑같은 관계를 경험하려 하기 때문이다. 정신분석학은 인간이 어머니와의 관계와 다른 그 어떤 인간관계도 원치 않는다며 결정론을 고수한다. 그러나 이를 반박하며 반대하는 목소리도 많다. 한때 프로이트 제자였던 아들러 Adler 는 이런 관점에 반대하며 새로운 학파를 만들었다.

대상관계이론에서 볼 때 인생에서 이뤄야 할 목표는 어머니로부터 자녀가 분화하여, 자신만의 고유한 자아를 형성하는 것이다. 어머니와의 관계는 인간이 경험하는 최초의 관계이자 완벽한 사랑에 관한 기대와 미련을 버리지 못하는 관계이며, 결국은 청산해야 하는 최후의 관계이다. 어릴 때 어머니와 공생관계를 잘 맺고 차츰 커 가면서 어머니와 잘 떨어지는 것이 인생의 목표다. 결국, 대상관계란 인간 대 인간의 인격적인 관계를 말한다.

연습문제
다음과 같은 부모일 때 자녀의 자기이미지는 어떻게 구성될까?
1) 책임감, 자상한 아버지와 감정적이고 자기주장이 강한 어머니

2) 무능하고 가부장적이며 폭력을 휘두르는 아버지와
    순종하고 희생하는 어머니

친구 아니면 적: 클라인의 편집-분열자리

앞에서 우리는 대상관계이론의 가장 기본적인 개념들-대상, 자기, 대상관계-을 살펴보았다. 지금부터는 본격적으로 대상관계이론을 만나보려한다. 대상관계이론에서 대표적인 이론가를 들면 멜라니 클라인, 도널드위니컷 그리고 로널드 페어벤을 들 수 있는데, 이들은 모두 영국에서 자신의 독특한 이론을 펼쳤기 때문에 영국학파라고도 불린다.

1. 클라인의 대상관계이론

정신분석학의 어머니로 불리는 멜라니 클라인 ^{Melanie Klein}(1882~1960)은 오스트리아에서 태어난 유태인 정신분석학자다. 안나 프로이트의 자아심리학파와 쌍벽을 이루는 대상관계학파를 창시했다. 그녀는 힘겨웠던 자신의 인생을 토대로, 자신만의 독특한 죽음욕동과 관계의 개념을 정립했다.

클라인은 인간의 기본욕구에 대한 가정부터 프로이트와 견해를 달리했다. 프로이트는 5세 아동 즉 외디푸스기에 초점을 두었고, 병든 어른의 회상을 토대로 아동을 설명했다. 그에 반해 클라인은 어머니-아기 관계를 직접 관찰하고 분석하면서, 생후 초기 아동에 관한 이론을 보다 정확하고 자세하게 수정·보완했다.

클라인은 아기가 어머니와의 관계 맺기에 많은 관심을 기울인다는 사실을 발견했다. 아이에게 어머니는 세상에 태어나 처음 맺는 관계이며 이 관계는 결코 떨어질 수 없는 관계다. 그래서 아이에게 어머니와의 관계는 모든 관계의 원형이 된다. 클라인이 '원형'이라는 단어를 사용하지는 않았지만, 아이의 내면은 무의식적 기원을 가진 '원형'으로 채워졌다고 보았다. 중요한 인물에 대한 감정은 아이의 내면에 이미지로 자리 잡고, 이것은 아이의 성격이 된다.

클라인은 단계phase 대신 자리, 입장position 이라는 용어를 사용했는데, 어떤 자리에 있는가에 따라 세상을 다르게 보고 다르게 경험한다는 것이다. 자리마다 대상관계를 맺는 방식이 다르고 방어기제의 양상이 달라진다. 대상관계 패턴과 방어기제는 한 묶음으로 작동한다. 자리는 계속 옮겨갈 수 있는데, 앞으로 발달하다가도 다시 뒤로 퇴행할 수도 있다. 아기는 생후 4~5개월 때 처음으로 자기 자신을 좋은 곳 혹은 나쁜 곳에 **자리매김**locating me 한 후, 즉 위치를 정한 후 어머니의 젖가슴이라는 **부분 대상과 관계**를 맺는다.

2. 생애 첫 1년: 편집-분열자리

클라인은 인생의 첫 단계를 처음에 편집자리라고 불렀다. 여기서 '편집'이란 뜻은 아기가 세상에 나온 것을 '자궁을 빼앗김' 혹은 '자신을 향한 세상의 공격'으로 오해한다는 의미다. 그 후 클라인은 페어벤의 이론을 빌려와 편집자리를 편집-분열자리 paranoid-schizoid position 으로 바꾸었다. '분열'이란 나쁜 세상을 감당할 수 없는 아기가 세상을 좋음과 나쁨으로 나누어 자신은 좋음이라고 여기는 것이다.

클라인은 태어나 3개월 동안 아기는 불안하고 혼란스러우며 존재가 사라질 것 같은 두려움에 떠는 상태라고 보았다. 이때 무력한 아기는 현실을 처리할 수 있는 것이 거의 없다. 가혹한 처지에 놓인 아기는 살아남기 위해 태어나면서부터 방어기제를 작동한다. 자아를 지키기 위한 생애 최초 방어기제인 분열은 태어난 지 몇 시간 내에 작동된다. 아기는 세상을 만족과 불만, '좋음 good '과 '나쁨 bad '둘로 나누어 한 번에 한 측면만 본다. 배가 부른 것은 좋은 것, 배가 고픈 것은 나쁜 것, 따뜻하면 좋은 것, 추우면 나쁜 것으로 받아들이는 아기는 세상을 좋고 나쁜 것으로 구분하는 타고난 감각 지능이 있다.

어머니와의 경험에도 긍정적인 측면과 부정적인 측면이 함께 있다. 하지만 자아가 취약한 아기는 어머니의 좋은 면과 나쁜 면을 동시에 받아들이질 못한다. 어머니를 부정적으로 볼 때 아기는 긍정적인 어머니의 모습을 의식에서 배제한 채, 어머니를 모조리 나쁜 사람인 것처럼 대한다.

또한, 분열자리에 있는 아기는 어머니를 온전하고 전체적인, 통합된 한 사람으로 보지 못한다. 그래서 뺨이나 손, 머리카락처럼 어느 특정 부위의 부분과 상호작용한다. 아기에게 최초의 그리고 가장 중요한 부분 대상은 어머니의 젖가슴이다. 젖이 잘 나오면 좋은 가슴, 젖이 잘 나오지 않으면 나쁜 가슴이 된다. 점차 아기의 인지가 발달하면서 아기는 표정, 소리, 냄새 등을 모두 어머니 한 사람이라는 전체 대상관계로 인식한다.

부분 대상관계는 미숙하고 유아적인 관계 방식이다. 성인기가 되어서도 부분 대상관계가 계속되는 예도 있다. 가슴이나 발, 엉덩이 같은 몸 일부에 지나치게 관심을 가지는 경우다. 이런 관심이 대인관계 패턴을 지배하게 되면 성도착 대상물이 될 수 있다. 발에 관한 도착과 같이 몸의 어떤 부분에 대한 지나친 집착은 부분-대상이 전체 대상관계를 능가해버린 경우다(Cashdan, 1988).

아기는 좋음과 나쁨으로 나눈 뒤 좋은 것은 죄다 자기 것으로, 나쁜 것은 모두 세상의 것으로 돌린다. 첫 1년, 아기가 겪는 불안은 삶과 죽음에 관한 것이다. 아기는 자신의 죽음욕동을 나쁨으로 간주하고, 세상에 투사한다. 그리고는 파괴적인 것으로 가득 차 있는 나쁜 세상이 자신을 해코지한다고 여긴다. 아기는 배가 고픈 것을, 배고픔이 자신을 공격한다고 여긴다. 그러면서 나쁜 젖가슴이 자신을 죽이려 한다는 박해불안 perscutory anxiety 과 멸절환상에 빠진다. 아기는 실제 일어나는 것보다 훨씬 나쁘게 과장해서 받아들이는데, 그것은 어머니의 나쁨에 아기의 투사가 더해졌기 때문이다. 분열이 심할수록 세상 사람을 악의적으로 보고 극단적으로 대하는 것도 이런 맥락이다.

나쁨과 악으로 가득 차 있는 세상은 무력한 아기에겐 너무 가혹한 세상이다. 그래서 아기는 사랑 삶의 욕동 또한 외부 어머니 에 투사하여 좋은 젖가슴을 만들어 낸다. 좋은 대상은 나쁜 대상을 피해 숨을 수 있고 사랑과 보호를 받을 수 있는 보금자리가 된다.

이때 아기는 좋음과 나쁨을 잘 구별할 수 있어야 한다. 좋음과 나쁨이 구분되지 않고, 마구 뒤섞여 있다면 그것은 매우 위험한 일이다. 마치 범죄자들을 감옥에 가두듯이, 나쁨을 잘 선별해서 좋음으로부터 잘 떼어 놓아야 안전하고 평화로워진다. 또한, 좋음과 나쁨이 섞여 있으면, 어떤 것이 나쁨인지 몰라 좋음까지 함께 파괴될 수 있다. 좋음이 파괴되면 사랑받을 곳과 위로받을 데가 함께 사라져 아기가 매우 곤란해진다.

어머니가 자기 기분이 좋으면 아기에게 잘해주었다가, 기분이 나쁘면 아기에게 못되게 구는 일관성 없는 돌봄은 아기가 좋음과 나쁨을 분별하고 구분하는 것을 방해한다. 좋음과 나쁨을 구분하는 데 문제가 생기면 어떤 일이 생기는가?

첫째, 자아의 힘이 약할수록 좋은 대상에게 흠이 발견되면, 그것을 견디지 못한 나머지 바로 나쁜 대상으로 간주하고 외면한다. 그러면 좋음이 있다는 것을 믿을 수도 없고, 좋음을 누리지도 못한다.

둘째, 나쁨을 제대로 알아보는 안목을 가질 수 없다. 나쁜 어머니를 실제로 경험하는 것은 매우 중요하다. 나쁨을 충분히 경험할 수 있어야, 나쁜 대상을 더 잘 알아볼 수 있고 잘 분별할 수 있다. 나쁨을 알아볼 수 없으면, 자신을 학대하거나 해를 가하는 대상과 관계를 맺을 수 있다. 또한, 그 관계를 거절하거나 거기서 빠져나오기 어려울 수 있다(Segal, 1999). 폭력적인 알코올 중독 남편과 헤어지지 못하고 끝까지 견디는 아내는 남편만큼 병리적이다.

3. 아직도 편집-분열자리에 있는 미숙한 어른

어른이 되어서도 편집-분열자리에서 세상을 이분법으로 보는 사람이 적지 않다. 이런 사람은 세상을 보는 시각이 매우 유아적이라 현실 파악 능력이 떨어진다. 편집-분열자리에서는 자아도 둘로 나뉘어 통합된 '나'가 없다. 이것은 외눈, 한쪽 팔과 다리를 가진 반쪽짜리 자아로 세상에 서 있는 것과 같다. 투사와 내사라는 유아적인 심리적 기제가 강렬하게 일어나 힘 있는 사람을 전능한 신이라고, 그 사람이 자신을 안전하게 보호하고 구원해 줄 것이라고 착각한다all good. 그러다 그 사람에게 조금이라도 흠이 생기면 전적으로 나쁜 대상all bad으로 여기면서 내팽개친다. 엄청나게 멋진 좋은 대상이 나락으로 떨어져 형편없는 나쁜 대상이 되는 것은 한순간이다. 편집-분열자리는 세상을 극단적으로 보게 만든다.

분열자리에 있으면 어머니를 못된 계모나 착한 생모로 보거나 혹은 어머니는 좋은 사람, 아버지는 나쁜 사람 같이 선과 악으로 나누어서 본다. 어머니도 좋은 면과 나쁜 면을 가졌고, 아버지도 좋은 면과 나쁜 면이 있다는 걸 볼 수 있는 현실적인 눈이 없다(Segal, 1999).

부모를 좋음과 나쁨으로 보는 사람은 세상도 흑과 백, 양극단으로 본다. 그래서 제 3자의 처지를 이해하거나, 제3자의 태도를 취할 수 없다. 보수와 진보로 갈려 극성 팬덤 정치를 하는 사람들이 그렇다. 무엇이 옳은지 그른지 판단하는 이성을 잃었다. 내 편이면 무조건 역성을 들고 반대편이면 무조건 물어뜯는다. 감정적이고 막무가내인 모습이 유치하다. 또 남성과 여성으로 나뉘어 반대 성을 혐오스럽게 대한다. 기독교와 이슬람교의 극단적인 대립과 테러도 같은 맥락이다.

4

위대한 도약: 우울자리

1. 좋은 어머니도 나쁜 어머니도 한 사람이다

클라인은 생후 6개월이 되면 편집-분열자리에서 벗어나 우울자리로 옮겨간다고 했다. 이 시기의 가장 중요한 특징은 아기에게 통합능력이 생기는 것이다. 아기는 좋은 어머니와 나쁜 어머니가 각각 따로 존재하는 것이 아니라, 일관성 있는 한 사람이라는 것을 알게 된다. 아기의 욕구를 충족시켜도 혹은 좌절시켜도 어머니이고, 어머니는 변함없는 사람이라는 것을 안다.

마가렛 말러 Margaret Mahler 는 좋은 대상이미지와 나쁜 대상이미지가 합쳐지면 대상항상성을 발달시킬 수 있다고 했다. 대상항상성이란 아기의 내면에 어머니 이미지가 안정적으로 자리 잡았다는 뜻이다. 그래서 아기는 부모가 자신에게 화를 내도 자신을 버리지 않으며, 부모가 고약하게 대해도 부모에 대한 좋은 기억과 감정을 떠올릴 수 있게 된다. 이 과정은 결코 만만하거나 쉬운 과정이 아니다. 통합에는 많은 시간이 필요하다.

똑같은 사람이지만 어떤 때는 기쁨을 주고 어떤 때는 꼴 보기 싫다. 세상도 마찬가지고 아기 자신 역시 마찬가지다. 그 누구도 완벽하지 않다는 것, 서로 정반대인 양극단이 모두 공존한다는 사실을 아는 것은 중요하다. 양극단이 함께 존재한다는 것을 안다는 것은, 현실감각이 생겨 현실과 환상을 구별할 수 있고 통합할 수 있다는 의미이다. 또 현실 파악 능력이 생겼다는 뜻이기도 하다. 통합이 어려우면 극단적인 사람이 되어 '모 아니면 도'라는 미성숙한 시각으로 세상을 바라본다.

2. 내가 다 망쳐놨다: 우울 불안

편집-분열자리에서 나쁘다는 의미는 젖가슴 같은 부분대상에 국한된다. 그러나 우울자리에서 나쁘다는 것은 어머니라는 전체대상에 해당한다. 어머니가 좋은 대상이자 나쁜 대상이라는 것을 알게 된 아기는 사는 것이 더 복잡해지고 어려워질 수 있다. 어머니는 좌절을 주는 존재이지만 동시에 사랑을 주는 존재이기 때문이다. 그래서 아기가 자신의 죽음욕동으로 어머니를 파괴한다는 것은 사랑하는 사람, 의지할 대상, 피난처, 보호자를 모두 잃는다는 의미가 된다. 그것은 외부세계와 자신의 내면세계가 모두 멸절되는 것이다. 자신의 파괴욕동으로 어머니를 공격하고 없애버릴 수도 있다는 강력한 공포, 이 모든 것은 자신 때문에 일어난 일이라는 죄책감이 일어나는데 클라인은 이것을 우울 불안depressive fear 이라고 불렀다.

우울자리의 공포와 죄책감은 아기에게만 있는 것이 아니다. 관계가 부대낄 때 자신이 상대를 파괴했다는 불안, 관계가 파국을 맞은 것은 자신 때문이라는 죄책감, 자신의 공격성이 부메랑으로 되돌아왔다는 보복에 대한 두려움을 우리 모두 가지고 있다.

읽어보기 ─────

팩트 체크보다 환상

프로이트는 환자들을 만나면서 환자들이 보고하는 어린 시절과 부모에 대한 기억이 사실이 아님을 알게 되었다. 프로이트 자신도 어릴 때 환상을 사실이라고 기억했다. 아이는 어려 아직 현실과 공상을 구별하는 능력이 부족하다. 게다가 부모에게 의존해야 할 부분이 너무 많아서 대상에 대한 기대가 너무 높다. 내 부모는 훌륭해야 하고 부족함이 없어야 한다는 환상이 많다. 이 때문에 어른이 되어서도 환상과 현실을 구분하기가 어렵다. 프로이트는 환자들의 기억이 한낱 공상이라는 사실에 속은 것 같아 큰 실망을 하였다. 그러나 이 발견은 정신분석을 한 차원 끌어올리는 기회가 되었다. 그 후 정신분석에서는 사실관계를 확인하는 것보다 그 사람이 가지고 있는 환상을 더 중요하게 다루게 되었다. 환상을 본격적으로 다룬 사람은 멜라니 클라인이다.

프로이트는 환상 fantasy 이 좌절로 인해 생긴다고 보았다. 만족을 얻을 수 없을 때 좌절을 보상하기 위한 방편이 환상이다. 반면 클라인은 무의식적 환상 phantasy 은 타고난 것으로 보았다.

클라인은 아기가 어머니와의 관계에서 공격적인 환상이 많다는 것을 발견했다. 젖을 깨물거나 어머니 가슴을 때리는 것, 발버둥 치는 것, 몸을 활처럼 뒤로 제치며 버둥거리는 것은 모두 아기가 공격성을 표현하는 것이다(Segal, 1999). 아기의 정신은 공격성을 기본으로 한 대상관계와 환상적 관계로 채워졌다고 클라인은 생각했다.

클라인은 발달자리마다 환상의 주제가 다르다고 했다. 그 이유는 각 발달자리마다 내적·외적 이미지가 달라지기 때문이다. 예를 들어 편집-분열자리에서는 박해환상이 주제가 된다. 이 자리에 고착된 사람은 괴물에 잡아먹히거나 잡아먹는 환상이 많다. 또 바깥 세상이 너무 위험하다고 여긴 나머지, 누군가와 늘 싸워야 한다. 현실에서 본능이 해결되지 않고 충족되지 않으면 환상으로 표현된다. 어머니가 아기의 죽음욕동을 대신 처리해 아이의 불안을 달래주지 않으면, 아이는 힘들 때마다 죽거나 죽이거나 하는 불안에 시달린다. 반면 우울자리의 주요 환상은 구원환상으로 불쌍한 사람을 구하는 주제가 된다.

환상이 긍정적으로 작용하면 자기도취적이고 자기애적인 전능함으로 나타난다. 환상은 대상과 연결되어 대상을 형성한다. 좋은 젖가슴 환상은 좋은 젖가슴 경험을, 나쁜 젖가슴 환상은 나쁜 젖가슴 경험을 강화한다. 어떤 환상을 가졌느냐가 어떤 대상관계를 맺는가를 결정한다.

클라인은 환상이란 그 사람의 핵심이라고 했다. 환상 안에서 모든 충동과 감정과 방어기제들이 경험되기 때문이다. 그래서 환상은 현실에서 일어난 사실보다 훨씬 힘이 세다. 환상은 충동, 감정, 감각들이 힘을 행사할 수 있도록 생명력을 불어넣고, 삶이 어디로 향할지 방향을 제시해준다.

3. 내가 다시 살릴 수 있다: 회복환상

우울 불안을 없애기 위해 아기는 어머니를 '회복'시키고 '복구'하려는 간절한 환상을 만든다고 클라인은 보았다. 이때 회복환상^{reparation} phantasy 은 아기가 우울자리를 잘 견딜 수 있게 하는 힘이 된다. 회복환상이란 일종의 전능환상으로, 자신이 망가뜨린 대상을 다시 되살릴 수 있다는 환상이다. 아기의 죽음욕동이 어머니를 파괴시켰지만, 아기가 다시 어머니를 온전하게 만들 수 있을 거라는 환상은 죄책감을 줄이고 희망을 품게 만든다.

아기가 죽음욕동으로 공격할 때 어머니의 태도가 매우 중요하다. 어머니가 공격성은 당연한 본능이라는 것을 수용하면서, 아기의 공격성에서 살아남아야 한다. 아기의 구강기 가학성을 어머니가 받아주면 아기는 회복과 보상에 대한 간절한 소망을 키워나갈 수 있다. 아기의 이런 소망을 어머니가 넉넉한 품으로 받아주면 아기는 죄책감에서 벗어나, 무자비한 충동 대신 충동에 대한 책임감을 키워나갈 수 있다. 위니컷은 아기의 환상은 창조성의 씨앗이 되고, 징벌적인 죄책감은 어머니를 향한 관심과 도덕성으로 발전한다고 주장했다.

그런데 아기는 왜 우울한가? 그것은 어머니를 되살리고 파괴한 것을 다시 돌려놓을 수 있다는 확신이 없어서 절망하기 때문이다. 그러면 우울자리를 극복하기 위해 무엇이 필요한가? 첫 번째는 자아가 어느 정도 만들어져야 하고 두 번째는 내면에 든든한 어머니 이미지를 구축해야 한다. 그러려면 사랑이 미움보다 더 강해야 한다. 사랑의 경험이 든든하게 쌓여서, 어머니가 실망스럽거나 밉더라도 쉽게 주눅 들거나 좌절하지 않아야 한다. 반대로 미움이 사랑보다 힘이 더 세면 아기는 어머니를 망가뜨릴지도 모른다는 두려움에 떨게 된다. 이 무렵의 아기는 젖을 뗄 시기라서 불안과 좌절이 클 수밖에 없다. 더구나 만성적인 좌절을 겪은 아기라면, 좌절에 압도된 나머지 자신의 경험이 좋은 경험인지 불행한 경험인지조차 구분할 수 없다.

어머니의 사랑이 증오보다 조금이라도 많으면 아기도 자기의 사랑이 미움보다 크다는 것을 믿게 된다. 어머니와의 좋은 경험은 아기 자신에게 회복능력이 있다고 믿게 만든다. 이런 믿음 덕분에 아기의 불안은 줄어들고 마음이 놓이면서 자신의 나쁨도 어느 정도 감당이 된다. 편집-분열자리의 박해공포는 어머니의 사랑 덕분에 벗어날 수 있다. 자기를 향한 믿음은 어머니에게 받았던 선善에 대한 깊은 감사와 함께 발달한다고 클라인은 보았다.

수많은 경험들이 ① 본능적 충동의 경험 ② 죄책감 ③ 극복과정 ④ 진정한 회복의 시도라는 과정을 겪으면 선순환 과정이 된다. 반대로 ① 죄책감의 능력 손상, 병리적인 죄책감 ② 선함을 창조하는 능력 훼손 ③ 본능적 충동, 공격성 억압 ④ 좋음 또는 나쁨으로 분열(원시적 방어기제의 작동)이라는 반대 방향으로 돌면 악순환이 된다.

이 시기의 아이는 '상징화'라는 능력이 생긴다. 상징화 능력 덕분에 우울자리에서 성취해야 할 중요한 과제인 안정적인 대상 그리고 '이만하면 좋은' 전체적인 대상을 자아의 핵심에 확립할 수 있다. 그렇게 되면 어머니가 없어도 어머니가 있다는 것을 믿을 수 있고, 버려진 느낌 때문에 괴로울 일도 없다(Segal, 1964, 1979).

4. 편집-분열자리와 우울자리를 비교하면

외디푸스 대상을 중요하게 본 프로이트와 달리 클라인은 생애 최초 대상이 가장 중요하다고 보았다. 클라인은 분석심리학에서 말하는 원형의 개념을 빌려다 자신의 이론을 설명하기도 했다. 분석심리학의 거장 융 Jung은 구강기 어머니를 우로보로스, '자녀를 삼키는' 이미지라고 표현했다. 우로보로스 어머니란 자녀의 독립을 허락하지 않는 어머니, 평생 자녀의 영혼을 좌지우지하면서 자녀를 죽음으로 몰고 가는 어머니를 뜻한다. 이러한 모성원형이 작동하면 자녀는 불현듯 죽고 싶다는 생각이 들면서 멸절불안에 시달린다.

아기는 스스로 죽음욕동을 해결하기에는 너무 무기력하다. 어머니는 아기를 달래고 진정시키면서, 아기의 죽음욕동을 대신 처리해줘야 한다. 그렇지 않으면 아기는 멸절불안에 빠진다. 불안 가운데 가장 감당하기 어려운 불안이 바로 멸절불안이다. 삶이 있어야 죽음도 생각할 수 있다. 인생을 이제 막 시작한 구강기는 아기가 삶과 죽음을 거론할 수가 없는 시기다. 그래서 죽음불안이라 하지 않고 멸절불안이라 한다.

우울자리에 있을 때와 편집-분열자리에 있을 때 느끼는 주요 감정과 공포 대상은 사뭇 다르다. 편집-분열자리에서 아기는 외부 세상이 자신을 파괴하고 없애버릴 것 같은 멸절공포를 느낀다. 그래서 아기의 주요 감정은 박해불안이 된다. 반면 우울자리에서 아기는 자신이 어머니를 부술지도 모른다는 것이 가장 두렵다. 이때 아기의 주요 감정은 상대방을 향한 걱정이다. 편집-분열자리에서 아기는 어머니가 자신을 해치는 줄 알았다. 하지만 우울자리에서 보니 내가 어머니를 해치려 하는 나쁜 아이다.

인간은 누구나 힘이 들면 편집-분열자리로 갈 수 있다. 고통과 어려움을 만나면 편집-분열자리로 퇴행했다가 다시 성장으로 나아가기 위해 우울자리로 간다. 클라인은 박해불안과 우울불안 사이를 계속 오가는 것이 인생이고, 어떤 누구도 우울자리를 완벽하게 극복할 수 없다고 하였다. 대상에 대한 증오심이 강할 때는 박해불안을, 대상에 대한 사랑이 강할 때는 우울불안을 느낀다.

예를 들어 건강염려증 환자가 편집-분열자리에서 박해불안을 느낄 때는 자신이 독살당하거나 파멸될지도 모른다는 두려움에 싸여있다. 그러나 우울자리에 오면 불안을 보는 시각이 질적으로 달라진다. 자기 몸이 너무 지쳐있고 병들어서 돌봐주어야 한다고 말한다. 아이의 놀이치료에서도 마찬가지다. 편집-분열자리에서는 잔인하고 무자비하게 싸우고 죽인다. 그러나 우울자리에서는 소중한 것을 지키려고 방어하고 온갖 노력을 다한다. 클라인은 외디푸스 콤플렉스는 우울자리의 한 부분이라고 했다.

진정한 애도 역시 우울자리에서 가능하다. 소중한 사람을 잃었을 때 자신 때문에 상대가 떠나가고, 자신은 버려진 느낌이 든다. 그것은 편집-

분열자리로 퇴행했기 때문이다. 떠나간 사람은 좋은 사람이고, 남겨진 자신은 나쁜 사람이다. 그래서 사랑하는 사람이 떠나면 잘못한 것만 기억나고, 더 잘하지 못한 것을 후회한다. 자신을 책망하면서 떠난 사람을 이상화한다. 그러나 이때 편집-분열자리에서 벗어나 좋음과 나쁨을 통합할 필요가 있다. 자신에게만 향했던 미움과 증오를 돌아간 사람에게 되돌려 줘야 한다. 사랑과 미움이 함께 있다는 것을 받아들여야 통합이 이루어진다. 그러면 소중한 사람이 사라진다 해도 가슴에 그 사람을 품고 평생 살아갈 수 있다. 이것이 진정한 애도다.

아이가 자라는 동안 자신 때문에 어머니가 손상되었다는 우울 경험은 수없이 반복될 것이다. 그때마다 손상된 어머니를 다시 살려내려는 회복과 보상에 대한 환상이 일어나는데, 이로 인해 승화와 창조력은 쑥쑥 자라게 된다. 우울자리를 잘 극복하면 아기의 내면에는 좋은 내적 대상들이 풍성해지고 자아도 튼튼해진다(Segal, 1964, 1979).

통합된 관점을 갖는다는 것은 어떤 의미인가? 선과 악이 함께 있다는 것을 아는 것은 부풀려진 자기이미지와 전능한 어머니 이미지는 가짜였고 한낱 신화였다는 것을 안다는 뜻이다. 구원이라는 것도 없지만 무지막지한 부모의 저주도 힘을 잃어 이제는 더 위협이 되지 않는다는 것도 안다. 통합된 관점을 갖게 되면 이해득실의 관계가 아니라 사람 그 자체로 이해하고 진정으로 대할 수 있다. 그때 비로소 용서할 수 있다. 진정한 용서란 그 사람의 영향력에서 벗어났다는 의미다. 통합된 관점을 갖는다는 것은 대단한 성과를 이룬 것이다(Hamilton, 1996).

선함을 파괴하다: 클라인의 죽음욕동

1. 클라인이 본 죽음욕동

클라인은 프로이트의 죽음욕동을 비중 있게 다루면서 개념을 확장·발전시켰다. 또한 클라인은 존재 그 자체를 파괴하는 시기심에도 관심을 가졌다.

아기는 적개심을 어떻게 표현하는가? 말 못하는 아기는 자신의 신체를 통해 세상을 이해하듯 신체를 통해 자신의 감정을 표현한다고 클라인은 보았다. 팔과 다리를 버둥거리고, 몸을 뒤로 제치고, 차고 때리고 비틀고 꼬집고, 치아로 물고 찢고, 먹고 삼키고, 똥과 오줌을 싸는 그런 것이 모두 죽음욕동의 표현이다.

프로이트는 인간의 마음은 죽음욕동과 삶의 욕동, 두 욕동의 충족과 좌절을 통해 만들어진다고 보았다. 반면 클라인은 죽음욕동이 가장 중요한 이슈라고 보았다. 특히 편집-분열자리에서 어머니가 죽음욕동을 어떻게 처리해 주었느냐에 따라 개인의 성격과 인생이 달라진다고 했다. 왜냐면 아직 자아가 제대로 세워지지 않은 아기는 죽음욕동을 스스로 처리할 능력이 없기 때문이다.

그래서 이 시기 어머니의 돌봄은 매우 중요하다. 어머니는 죽음욕동을 대신 처리하여 아기가 불안하지 않게 해줘야 한다. 그러려면 어머니와의 좋은 경험이 있어야 한다. 받은 사랑이 미움보다 조금이라도 많아야 한다. 그래야 삶의 욕동이 죽음욕동보다 힘이 세지고, 아기 내면에 좋은 어머니가 굳건하게 자리 잡을 수 있다. 자아가 튼튼한 사람은 죽음욕동의 파괴력을 현실에서 적절하게 다루고 사용할 줄 안다.

아버지 사업이 망할 즈음 아기가 태어났다. 아버지 사업이 위기에 처하자 집안은 풍비박산이 났다. 어머니는 아기를 할머니에게 맡기고, 아버지 사업의 부도를 막으려고 백방으로 뛰어다녔다. 어머니의 행동은 아기와 가족의 사활이 걸린 문제였다. 하지만 죽음욕동 어머니의 부재는 아기에게 죽음을 의미한다 이 너무 세면, 아이는 어른이 되어서도 어머니를 도저히 이해할 수가 없다. 그 상황을 이해하기에는 아기가 너무 어렸고, 게다가 어머니와의 좋은 경험마저 턱없이 모자랐기 때문이다.

'가족을 경제적인 위기에서 구해내려고 애를 썼다, 생활전선에서 어머

니가 일에 매진했다, 시집이나 친정의 인정을 받기 위해 최선을 다했다'
와 같이 임신이나 출산 후 어머니의 마음이 다른 곳에 가 있다는 것은 아
기에게 어머니가 없다는 것과 같은 의미다.

중요한 시기에 돌봄에 문제가 생기면 곤란한 일이 벌어진다. 아기는 자
신을 보호하기 위해 아주 원시적이고 미숙한 방어기제를 작동시킨다. 아
기는 '어머니가 나를 버렸고 해코지한다'라고 오해한다. 어머니가 아기
대신 죽음욕동을 처리하지 않으면, 아기는 감당하기 어려워 죽음욕동에
압도당한다. 좌절할 때마다 죽고 싶고 자아가 깨질 것 같은 불안이 일어
난다. 죽음욕동은 인생의 결정적인 순간마다 힘을 발휘하여 잘못된 선
택을 하게 만들어 인생을 파멸로 이끈다.

2. 갖지 못할 바에는 부숴버리자: 시기심

클라인은 프로이트의 죽음욕동과는 다른 모습인 시기심 primary envy 을
제시하였다. 프로이트의 죽음욕동은 자기 자신을 파괴하려는 것이라면,
시기심은 나에게 생명을 주고 키워준 대상을 파괴하려는 공격성이다. 클
라인은 시기심을 선천적인 공격성 즉 태어날 때부터 가지고 있는 악의적
인 감정이라고 보았다(최영민, 2010). 주로 나쁜 대상을 향한 감정인 증오
와는 달리 시기심은 좋은 대상을 향한 감정이다.

아기는 어머니의 좋음과 돌봄이 성에 차지 않는다. 젖이 잘 나오지 않
는 나쁜 젖가슴에 화가 난 아기는 젖이 모자란다고 생각하는 것이 아니
라 어머니가 일부러 자신에게 주지 않는다고 여긴다. 어머니가 좋은 것을

가지고 있으면서도 자기에게 주지 않는다고 오해한다. 그러면서 아기는 자신에게만 인색하게 구는 좋은 젖가슴은 차라리 없는 게 낫다고, 그럴 바에는 좋은 젖가슴을 파괴하는 편이 낫다고 여긴다. 좋은 젖가슴의 존재는 아기에게 박탈감을 더 두드러지게만 하기 때문이다.

시기심은 질투나 탐욕이란 감정과 결이 다르다. 다른 사람에게 있는 것이 부러워 그것을 빼앗아 자기 것으로 만들려는 감정이 질투다. 탐욕은 사정이야 어찌 되었건 닥치는 대로 자기 것으로 만드는, 터질듯한 욕망이다. 이에 반해 시기심은 좋은 것을 파괴하고 망치고 싶은 마음이다. 질투보다 훨씬 파괴적이다. 무차별 테러나 연쇄살인의 동기가 바로 그 예다. 대개 사건이 일어나면 치정 혹은 돈, 이 두 가지를 주요 원인으로 보지만 무차별 테러나 연쇄살인 경우는 예외다. 이들은 '그 사람이 환하게 웃어서, 남들이 행복한 게 싫어서'가 범행 동기다. 좋음 자체를 없애서 자신의 불행감을 이겨보려는 마음이 바로 시기심이다.

이들은 왜 이런 잔혹한 행동을 했을까. 클라인은 어린 시절 모성 박탈이 원인이라고 보았다. 어머니가 죽음욕동을 아이가 소화할 수 있게끔 처리해주지 않아, 아이가 죽음욕동을 그대로 함입[2]했기 때문이다. 내면

---

2 내면화는 어떤 새로운 것을 자신의 내면에 포함시키는 기제를 말한다. 여기에는 함입, 내사, 동일시가 있는데 함입(incorporation), 내사(introjection), 동일시(identification) 순으로 성숙한 기제다. 함입과 내사는 대상과 자신의 이미지에 경계가 없어 구분이 없다. 반면 동일시는 대상과 자신의 경계가 있고, 인지능력이 요구되는 보다 높은 수준의 내면화 과정이다. 함입은 부모를 삼키듯 통째로 내면화 시키는 것이다.

화 기제 중 함입은 생의 가장 초기에 만들어진 방식이라 강하게 성격에 부착된다. 함입된 죽음욕동은 원시적이고 원초적이며 무자비하다. 그래서 통제나 조절이 어렵다.

'사랑하는 사람을 가질 수 없을 바에는 차라리 다 부숴버리는 것이 낫다'고 여기는 것이 시기심이다. 시기심은 좋은 것을 갖지 못한다면 차라리 모든 것을 파괴하라고 조장한다. 이때 세상의 좋은 것뿐만 아니라 자신의 내부에 있는 좋은 것도 파괴의 대상이 된다. 그렇게 하는 이유는 좋은 것이 있으면 나쁨이 더 두드러져 보이기 때문이다. 그래서 이들은 좋은 감정이나 좋은 관계를 경험하는 것이 어렵다.

시기심은 생의 초기 시절로 퇴행시켜, 지금까지 이뤄온 성과와 결실을 수포로 만든다. 시기심은 좋음과 나쁨을 구분하는 분별력도 약하게 만든다. 그래서 시기심이 세질수록 박해불안과 공포는 더욱 심해진다. 클라인은 프로이트의 부정적인 치료 반응을 시기심으로 설명했다. 내담자는 좋음 자체를 증오하기 때문에 상담자의 선함과 사랑을 시기한다(Greenberg & Mitchell, 1983). 부부상담을 받는 동안, 상담자는 부부의 이야기를 듣고 공감을 해준다. 공감으로 인해 부부는 서로의 깊은 내면을 들을 수 있다. 지혜로운 아내라면 상담을 통해 남편을 더 이해하는 계기로 삼고, 더 나아가 상담자의 어떤 태도와 질문이 남편의 마음을 열게 했는지 생각할 것이다. 그러나 시기심이 많은 아내는 상담자의 사랑과 능력을 증오하면서 상담도 소용없게 만든다.

우리는 서로를 사랑해서 만났다고 믿고 싶다.

도대체 사랑이란 무얼까.

믿었던 사랑이 실망으로 변해 배신감마저 들고,

노력에도 불구하고 나의 결혼생활은

어머니의 결혼과 별반 다르지 않다.

이 장에서는 그에 관한 이유와 해답을 정신분석으로 찾아보려고 한다.

4장

사랑, 배우자 선택
그리고 결혼관계

사랑은 과거의 복제품일 뿐

1. 어머니의 자궁이라는 파라다이스를 되찾다: 사랑

사랑에 빠지게 되면 상대방이 내 형편을 모두 이해해주고, 내 결핍을 채워주며 바람을 전부 들어줄 것 같다. 상대방이 나를 불행에서 구원해주는 완벽한 인간으로 보인다. 사랑에 빠지면 상대방을 이상화하고 경탄한다. 상대가 전능한 신인 것 같다.

이런 감정은 성관계를 맺을 때 더욱 고조되는데, 상대와 온전히 하나가 된 듯한 황홀경과 물아일체를 경험한다. 이런 현상은 생리학적으로도 설명이 가능하다. 사랑할 때 뇌에서는 20여 가지가 넘는 신경전달물질이 분출되어 거의 마약에 취해있는 상태와 비슷하다고 한다. 그래서 전두엽은 마비되고 이성적인 기능을 잃어버린다. 성은 가장 짧은 시간에, 가장 효과적으로 사랑을 느끼는 확실한 방법이다. 그래서 존재감이 희미하고 사랑에 굶주린 사람일수록 성에 빠져 어머니의 사랑을 느끼려 한다.

이런 경험은 마치 '죽음'과 같다고 정신분석학에서는 말한다. 왜냐면 완벽하게 욕구가 충족되고, 아무런 불안이 없었던 어머니 자궁으로 퇴행한 것 혹은 어머니아기의 공생관계로 돌아간 것과 비슷하기 때문이다. 아기는 자신에게 보내는 어머니의 기쁨과 환호에 황홀감을 느낀다. 사랑에 빠졌을 때 이 황홀감은 재등장한다. 그래서 융은 사랑에 빠지는 것을 '신을 만나는 것'이라고 했다.

무의식적 욕망을 충족시키는 강렬한 성이 사랑이라고 착각하며 거기에 빠지는 것은 마치 '브레이크가 파열된 자동차'와 같다. 왜냐면 개인의 경계가 사라져 상대에게 흡수되었다는 뜻이기 때문이다. 융합으로 인해 '자기'가 사라지면, 강렬한 투사가 일어나고 상대를 있는 그대로 볼 수 없다. 자기가 보고 싶은 대로, 자기 마음대로 상대를 보고 상황을 해석한다. 그래서 진정한 사랑이라 말하기 어렵다.

2. 진정한 사랑을 위해 갖추어야 할 조건

진정한 사랑을 위해서 갖추어야 할 첫 번째 조건은 튼튼한 자아를 구축하여 자신의 경계를 분명히 하는 것이다. 경계가 확실하지 않으면 관계는 융합되고, 사랑과 성이 서로 뒤엉켜 진실한 사랑이 무엇인지 알 수가 없다. 성적 흥분이 있어야만 자신이 살아있다고 느끼는 사람은 성 중독에 빠지기 십상이다. 이런 사람들은 의사소통을 통해 존재를 표현하거나 욕구를 충족할 줄 모른다. 오로지 성을 통해서만 관계를 맺을 수 있고 자신의 존재를 느낄 수 있다.

진정한 사랑을 위해서 갖추어야 할 요건 중 두 번째는 리비도와 공격성, 즉 사랑과 미움을 통합시킬 수 있는 능력이다. 1장에서 살펴보았듯이, 사랑의 다른 표현은 적개심이다. 사랑에는 적개심이 함께 있다. 사랑은 좋은 것, 적개심은 나쁜 것이라는 이분법은 미숙한 태도다. 그러면 적개심을 부정하며 없애려고만 한다. 억압된 적개심은 통제하기 어려워지고, 결국 적개심에 압도당하기 쉽다. 뉴스에서 이별을 통보한 여자를 보복하는 남자를 뉴스에서 종종 본다. 의존심에 집착한 나머지 적개심이 통제 불가 상태가 되면 극단적인 행동으로 이어질 수 있다.

예 ——————

연쇄 강간 살인을 저지른 남자가 있었다. 남자는 태어나자마자 어머니에게 버려졌다. 길바닥에서 아기는 아마 죽음을 경험했을 것이다. 어머니 배 속에 있을 때, 아마도 어머니는 아기를 없애고 싶었는지도 모르겠다. 이 남자에게 어머니의 사랑과 죽음은 함께 있었다. 남자는 누구도 믿을 수 없어 친한 사람이 단 한 명도 없었다. 남자가 성충동이 일어나면 가장 약하고 만만한 여성을 강제로 납치해 성폭력을 한 뒤 살인했다.

위의 예는 적개심이 득세해서 사랑의 힘을 능가하는 극단적인 경우다. 남자의 사랑하는 방식은 몹시 폭력적이다. 이들의 만남은 위협과 수치심 그리고 죽음의 공포로 채워졌다. 왜냐하면 이 남자의 핵심 감정이 그러하기 때문이다.

　적개심보다 사랑받고 인정받은 경험이 조금 더 많아야 한다. 그래야 사
랑받고 싶은 열망이 너무 간절한 나머지 적개심이 생겼다는 사실을 받아
들일 수 있다. 또한, 공격성에 대한 불안이 너무 세지 않아야 불안을 효
과적으로 다룰 수 있다. 사랑과 적개심이 통합되어야만 성숙한 인격이
된다. 우리의 인생 과제는 '내 안의 괴물' 같은 적개심을 어떻게 다루고
길들이는가'라고 할 수 있다.

어린 아이 눈으로 배우자를 고르다

배우자를 선택할 때 우리는 이성적으로, 이리 재고 저리 재며, 제법 합리적으로 골랐다고 생각할 수 있다. 하지만 실상은 역동이 개입해서 순식간에 결정해버린 경우가 다반사다. 배우자 선택에서도 어김없이 어린 시절의 부모가 기준이 되었다. 부모의 사랑을 많이 받으면 받은 대로, 결핍되었으면 결핍된 대로 그 기준은 부모가 된다. 부모의 사랑을 많이 받은 사람은 부모처럼 똑같이 해줄 사람을 고른다. 풍족한 사랑을 그대로 유지하고 싶은 유아적 소망이 작동한 것이다. 반대로 부모의 사랑이 결핍된 경우, 부모와는 다르게 살리라는 환상을 가지며 부모를 대신해서 사랑을 줄 만한 사람을 고른다. 충족되지 않은 의존욕구가 많다는 뜻으로 이 또한 어릴 적 소망이 작동했다. 과도하게 충족된 경우나 반대로 과도하게 결핍된 경우, 얼핏 보면 배우자를 고르는 기준이 정반대인 것처럼 보이지만 속을 들여다보면 별반 다르지 않다.

어린 시절 부모와 맺었던 관계는 원형이 되어 사랑하는 방식, 배우자 선택 나아가 대인관계까지 적용된다고 프로이트는 보았다. 관계 패턴은 과거 부모와의 관계가 그대로 복제된 것이며, 감정이 재편집된 것이다. 우리는 어릴 적 부모에게 느꼈던 감정이 반복될 수 있는 관계를 기가 막히게 찾아낸다. 이런 무의식적인 힘은 생각보다 강해서 통제하기가 쉽지 않다.

예 ────────

〈나의 결혼은 500원짜립니다〉

어린 시절 아버지가 너무 무서운 딸이 있었다. 아버지에게 잘못 걸리면 초상을 치를 정도로 아버지는 무자비했다. 아버지를 피해 재래식 변소 소위 푸세식 화장실로 도망가 몇 시간을 숨어있었던 기억이 아직도 생생하다. 그래서 자상하고 따뜻한 남자를 만나 이 집을 탈출하는 것이 가장 큰 소원이었다.

그러던 중 하루는 열차를 타고 가다 남성을 만나게 되었다. 맞은편 청년이 삶은 달걀을 사더니 껍질을 벗겨 주며 딸에게 먹겠냐고 권했다. 한 번도 아버지에게 받아본 적 없는 공주 대접이었다. 꿈에 그리던 그 자상한 남자가 바로 이런 남자이구나, 딸은 그 청년에게 한눈에 반해 버렸다. 자상함을 경험한 적이 없으니 자상한 남자가 어떤 남자인지 알 리 만무했다. 자기 마음대로 '자상함'을 정의 내리고 '자상함'이라고 해석해 버렸다. 결국 딸은 500원짜리 삶은 달걀에 낚였다! 나중에 정신역동을 공부한 후, 딸은 자신이 사람 보는 눈이 얼마나 모자랐는지 한탄했다.

프로이트가 말한 유아기 환상 fantasy 은 힘이 매우 세다. 환상을 이루려는 힘이 막무가내다. 게다가 환상은 현실검증 능력이 없다. 그래서 자신의 소망이 어떻게 현실로 이루어질지 가늠할 수 없다. 이렇게 배우자를 고르는 기준은 유치하고 미숙하고 세련되지 않다. 자기 소망을 상대에게 마음대로 투사하고, 말도 안 되는 단서로 상대방을 이해한다.

폭력적이고 가부장적이며 자기주장이 강한 아버지와 따뜻하고 정이 많지만 무기력하고 자기 삶이 없는 어머니 밑에서 자란 딸은 하루 빨리 집을 탈출하고 싶었다. 딸은 다정하고 따뜻하고 자신만 위해주고 자상하며 친절한 남자, 아버지와 정반대의 남자를 꿈꿨다. 하지만 이 딸은 그런 남자를 경험해 본 적이 없어 현실에서 그런 남자를 알아보는 안목이 없었다. 막상 그런 따뜻하고 친절한 남자를 만났다 하더라도 별반 매력을 느끼지 못한다.

반대로 아버지에게 사랑을 듬뿍 받고 자란 딸이 있다. 딸은 아버지같이 자신을 사랑해주고, 받아주며 원하는 것을 다 해주는 남편을 꿈꿨다. 그러나 현실에 그런 남자는 없었다. 딸에 대한 아버지 사랑을 넘어서는 남자는 세상에 존재하지 않는다. 더군다나 딸이 아버지와 남편을 비교하는 한 그런 남자를 만나는 것은 불가능하다. 박탈되었든 흘러넘치는 사랑을 받았든 부모가 기준이 되는 결혼은 불행으로 가기 쉽다. 부모가 기준이 되지 않는 삶, 이것이 진짜 '나'의 삶이고 행복이다.

열등감이 심한 사람은 열등감으로 배우자를 선택한다. 자신의 원가족이 부끄럽고 무시당할 것 같아 불안하다. 잘난 상대가 오히려 부담스럽다. 자신을 무시하지 않을 만큼 적당히 못나고 열등한 사람이 오히려 편하다. 적어도 치부라고 생각하는 그 부분을 상대방이 흠을 잡거나 공격하지 않을 것 같아서다.

이런 이유로 이혼가정에서 자란 사람은 이혼이라는 주제를 가진 상대를 택하기 쉽다. 비슷한 아픔이 있으니 공감과 이해도 쉬울 거라 여긴다. 그러나 막상 함께 살다 보면 못나고 열등한 그 부분 때문에 속 터지는 일이 생긴다. 그제야 자신의 선택이 한심했음을 깨닫는다. 목숨을 걸어서라도 채우고 싶은 욕구는 눈을 멀게 만들어, 현실적으로 따져 봐야 할 부분을 지나치게 만든다. 유아적인 욕구는 채워졌는지 모르지만, 현실에서 살아가야 할 때 기본적이고 당연한 조건에 구멍을 보이는 배우자는 무척 곤란하다.

이렇게 배우자를 선택하는 무의식적인 이유는 모두 자기애적이다. 쉽게 말하면 상대가 이상적인 자기 모습과 비슷해서 골랐다는 말이다. 자기애적 사랑이란 있는 그대로 상대를 사랑하는 것이 아니라, 상대에게 투사된 자기 모습을 사랑하는 것이다. 그래서 자기와 비슷한 사람에게 사랑을 느끼기 쉽다. 아름답고 근사한 자기 모습을 투사하는 바람에 상대도 실제보다 한껏 부풀려져 있다.

아기가 태어났을 때 부모가 보내는 축하와 환영, 첫걸음을 뗐을 때의 열렬한 환호, 아기에게 보내는 어머니의 따뜻한 눈빛과 손길 그리고 반영등이 모여서 아기의 '자기'가 된다. 아기가 부모에게 바라는 이런 욕구들은 너무나 당연하고 건강한 것이다. 하지만 이런 욕구가 충분히 채워지지 않아 '자기'를 만드는데 문제가 생기면, 자기애적 성격이 된다. 자기애적 성격은 자기 욕구를 채우는 것에만 관심이 있어, 시간과 에너지 대부분을 여기에 허비한다.

자기애적 사랑은 자기 방식대로, 자기가 원하는 대로 주고 싶은 사랑을 한다. 상대를 있는 그대로 보지 못하고 자신의 연장선에서 본다. 상대방에 대한 사랑도 결국은 자기를 사랑하는 것에 불과하다. 결국, 배우자 선택이란 무의식적 욕망을 보상해 줄 수 있는 대상을 찾는 것이다. 상대에게 들키고 싶지 않은 자신의 열등하고 수치스러운 모습은 거짓자기로 은폐한다. 대부분 사람들은 결혼 후 원래 상대의 본 모습을 발견하고는 속았다며 배우자 탓을 한다. 자신의 의존적 애정욕구가 한 일이라고 인정하는 경우는 매우 드물다.

결혼, 내 팔자는 어머니를 닮았다: 반복강박

어머니에게서 어떤 종류의 사랑을 받았는지, 어떤 관계를 맺었는지 그 양상이 그대로 반복되는 것이 바로 결혼이다. 아기는 부모의 사랑에 행복을 느끼고, 부모의 거절과 박탈에 적개심을 느낀다. 결혼관계도 마찬가지다. 처음에 눈이 먼 두 사람은 불타오르는 맹렬한 사랑으로 공생관계를 시작한다. 그러나 시간이 흐르면 또다시 채워지지 않은 좌절감에 상대에게 실망하며 적개심을 보인다. 이것을 **반복강박**repetition compulsion 이라 한다.

반복강박이란 고통스러운 경험을 반복하려는 심리를 말한다. 아기가 어머니에게 절대적으로 의존하기 위해서는 어머니의 나쁨마저도 견디고 참아야 한다. 설사 어머니가 나쁜 사람이라 해도 아기가 어머니를 거절하거나 피할 방법이 없다. 그래서 아기의 정체성도, 아기의 인간관계 맺는 양상도 모두 어머니를 닮을 수밖에 없다. 나쁜 어머니를 따라 아기도 나쁜 사람이 되고, 어머니가 상처 주는 방식으로 상대방에게 상처를 주고, 어머니에게서 받은 상처와 비슷한 상처를 받으며 산다. '부모 복 없는 사람이 배우자 복 없고, 배우자 복 없는 사람이 자식 복 없다'라는 말은 반복강박을 두고 한 말인 듯하다. 반복강박은 마치 고장난 녹음기가 우리 내면에 있어, 정지 버튼을 눌러도 끊임없이 재생되는 모습과 같다.

폭력적인 아버지에게 학대받은 딸이 있다. 반복강박대로라면 딸은 어린 시절 경험한 학대를 반복하기 위해 폭력적인 남편을 고를 가능성이 크다. 무섭고 혐오스러운 어린 시절 감정을 남편이 그대로 재현해 주기 때문이다.

예

밤마다 아버지는 어머니를 인정사정없이 때렸다. 딸은 두렵고 무서웠다. 아버지에게 맞아 엉망진창이 된 어머니는 딸의 방으로 와 딸을 꼭 안고 울며 밤을 지새웠다. 폭력을 목격한 사람도 폭력을 경험한 것과 같다. 어린 자녀도 아버지의 폭력에 대한 상처를 처리해야 했지만, 딸의 슬픔과 불안, 분노를 위로해 줄 사람은 아무도 없었다. 나중에 어른이 된 딸은 아버지처럼 폭력적인 남편을 만나 어머니처럼 맞고 살다 결국 이혼했다. 어머니가 아버지와 이혼하고 폭력에서 벗어나길 바랐던 어린 시절 소원을 자기 인생에서 이룬 것이다. 이혼 후 다시 만난 남자 역시 폭력적이었다. 딸은 자기를 학대할 만한 사람을 알아보는 특별한 소질을 가졌다. 폭력적인 사람에게 이끌리면서 어린 시절의 심리적 상처들을 반복하였다. 마치 팔자처럼.

부모의 폭력에 희생되었던 아이는 나중에 커서 가해자가 될 가능성이 크다. 맞는 것을 목격하거나 맞는 경험을 반복하면서 감정을 내면화한다. 이때 선택의 문제가 발생하는데 피해자와 가해자 중 누굴 선택하는가이다. 피해자는 너무 초라하고 비참해서 많은 경우 가해자를 선택한다. 피해자와 가해자는 똑같이 폭력의 희생자다. 그것을 알 수 있는 단서는 때리는 사람과 맞는 사람의 표정이 똑같다는 점이다. 맞을 때 기분으로 때리는 것이다.

부모를 두려워했던 남자는 나중에 두려움과 불안이 높은 아내를 만날 수 있다. 이것은 남자 안에 있는 두려움과 불안을 돌보고 위로해주고 싶은 무의식적 욕구 때문이다. 만약 이런 역동을 서로 조화롭게 주고받는다면 관계 안에서 치유가 일어날 수도 있다.

반복강박은 매우 자학적이다. 프로이트는 반복강박이 죽음욕동을 보여주는 증거라고 했다. 게다가 반복강박은 세대 전수가 되기 쉽다. 그러나 반복강박 같은 병적인 대상관계가 중단된다고 해서 건강한 대상관계가 만들어지는 것은 아니다. 과거의 관계 패턴을 수정하려면 오랜 시간과 노력이 필요하다. 새로운 관계를 통해 건강하게 관계 맺는 경험을 반복해야 내면에 수정된 내적 대상이 만들어질 수 있다. 상담은 건강한 대상관계를 재설정하는 과정이다.

어린 시절 경험을 반복시키는 마법: 투사적 동일시

"왜 나는 어머니 팔자를 닮았을까? 왜 나는 아버지와 똑같은 남편을 만났을까? 이것이 운명인가"라는 질문에 투사적 동일시라는 개념으로 답을 하려 한다.

투사적 동일시 projective identification 는 클라인이 처음으로 사용한 용어다. 투사적 동일시란 아기가 자신의 좋음과 나쁨을 가려낸 후 나쁜 것만 골라 어머니 속으로 into the mother (어머니에게 on to the mother 가 아니다) 투사한다. 투사적 동일시는 투사 projection 와 내사 introjection 두 가지 기제가 동시에 작동하는 것인데, 이것은 모두 자기와 세상의 심리적 경계가 분명하지 않을 때 일어나는 원시적인 심리적 기제다.

1. 투사

투사란 자기 안에 있는 것을 상대의 것이라고 착각하는 것이다. 투사는 대인관계에서 일어나는 가장 기본적인 기제로, 타인의 마음을 이해하려면 자신의 마음을 상대에게 투사해야 한다. 공감 같은 성숙하고 순기능적인 투사도 있지만, 내로남불 같은 역기능적인 투사도 많다.

예 ────

내로남불의 정치인이 있다. 그 정치인은 자신을 다음과 같이 생각한다. '나는 정직한 사람이다. 정의를 위해 수구세력의 비리와 부정부패에 맞서 싸우며 평생을 바쳤다. 드디어 썩은 권력은 무너졌고 새로운 시대가 왔다. 내가 중요한 직책을 맡다 보면 어쩔 수 없이 간혹 잘못할 수도 있다. 하지만 나는 반대편의 사람과는 전혀 다른 사람이다. 나의 실수나 잘못은 그들과는 질적으로 다르다. 그들이 한 것과 비교하면 내 것은 조족지혈이다.'

이 정치인은 자신의 구린내 나는 비리를 자신의 것으로 받아들일 수 없어, 타인에게 죄다 투척했다. 투사를 거두고 자신의 그림자를 인정하려면 상당한 성숙이 필요하다.

상대방이 투사 내용을 도저히 자기의 것이라고 받아들일 수 없을 정도로 투사가 왜곡되었거나, 부정적일 경우 주의가 필요하다. 나쁜 사람으로 오해받고 취급받는 것에 상대가 분노하고 보복할 수도 있기 때문이다. 세상을 이해하고 대처하는 주된 방법이 투사인 사람을 편집성 성격이라고 부른다(McWilliams, 1994).

2. 내사

투사에 대비되는 개념은 내사다. 내사는 상대방의 것인데, 내 것인 줄 착각하는 것이다. 아기는 자신의 정체성을 만들기 위해 어머니의 태도·정서·행동을 그대로 받아들인다. 내사의 결과로 '나'의 일부에는 어머니처럼 중요한 사람이 들어 있다. 그래서 죽음이나 이별로 사랑하는 대상을 잃으면 상실감을 넘어 자신의 일부가 뜯겨나간 기분이 든다. 자신이 무언가를 잘못해서 상대방이 떠났다고 여긴다.

예 ————

어머니 배 속에 있을 때부터 불행한 사람이 있다. 어머니가 임신을 기뻐하기는커녕 아기 때문에 자신의 인생이 발목 잡혔다고 생각한다. '차라리 아기가 생기지 않았으면 더 좋았을 것을, 왜 하필이면 내게 찾아와 인생을 망치려 하는지' 어머니는 아기를 원망한다. 비관적인 자기 인생에 함몰된 어머니는 아기와 유대감을 제대로 맺을 수 없다. 출산 후에도 어머니는 산후우울증에 빠져, 어머니는 아기가 예쁜 줄 모른다. 아기는 살기 위해 어머니의 반응을 적극적으로 유도하지만, 어머니는 무표정이나 짜증으로 아기를 대한다. 아기는 어머니의 우울함을 내사하여 그대로 자기 것으로 만든다.

'어머니도 사랑하지 않은 자신을 누가 사랑하나, 다른 사람들에게 '나'라는 존재는 짐이다, 사는 것이 고통이다'라며, 아기는 쓸데없는 죄책감과 책임감을 느낀다. 이런 기분과 생각들은 할머니나 친척들에 의해 더욱 확실해진다. "널 낳고 네 어머니 인생이 꼬였다. 너 때문에 네 어머니가 아프다"라는 말에 자녀의 분노와 죄책감은 더욱 가중된다. 죄책감은 삶에서 힘들고 불행한 일을 선택하게 만든다. 설령 좋은 일이 생겨도 기쁘지 않다.

정신분석에서는 내사를 주로 사용하는 역동을 우울한 성격이라고 한다. 죄책감이 필요 이상으로 강하고 지나치게 양심적인 이들은 무의식적으로 자신에게 자꾸만 벌을 주는 바람에 기쁘거나 행복하기 어렵다.

어린 시절과 정반대로 행복한 상황이 되면, 행복은 자기 것이 아니라서 행복함을 누리질 못한다. 그래서 우울증 환자는 낫기가 어렵다. 그 이유는 나아지고 행복하면 자기 모습이 아니기 때문이다.

3. 투사적 동일시

투사적 동일시가 일어나는 과정을 보면, 먼저 자기 것이라고 인정하기 어려운 부분을 다른 사람에게 떠넘긴다. 그리고는 상대방에게 그 투사를 받아들이라고 압박한다. 상대방은 그 요구를 거절하지 못하고 투사된 이미지를 자기 것으로 내사한다. 투사된 이미지가 자신이라고 지각하고 경험하며 그 이미지대로 행동한다.

자신의 감정을 상대에게 전달해서 상대의 감정도 자기의 감정과 같은 상태로 만든 후에, 자기와 상대방이 같은 감정상태라고 느끼는 기제가 투사적 동일시다. 투사적 동일시를 좋게 보면 상대가 자기처럼 생생하게 똑같이 느끼길 바라는 욕구에서 나온 것이고, 나쁘게 말하면 상대를 나의 상태와 똑같이 통제하길 바라는 욕구에서 나온 것이다 (가요한, 문은정. 2022).

다시 말하면 투사적 동일시는 상대와 관계를 맺는 것이 아니라, 상대방을 통해 내 안의 누군가와 관계를 맺는 것이다. 무의식의 어떤 이미지를 상대에게 투사한 다음 그것과 관계하는 것이다(김혜남, 2002). 실상은 자기가 자신을 속이고 있는데, 상대가 '나'를 속였다며 애꿎은 상대방만 탓하고 있다.

예 ────

자신에게 의존욕구가 있다고 자각하지 못하는 어머니가 있다. 어머니는 자신의 의존욕구를 자녀에게 투사한다. 그리고는 자녀를 끊임없이 도와준다. 자녀는 어머니의 의존심을 자기 것이라고 내사한다. 어머니의 밥과 사랑 없이는 살 수 없을 만큼 자녀의 자율성은 훼손된다. 결국, 자녀의 독립성은 좌절되고 자녀는 자신을 의존적인 존재라고 여기며 의존 행동을 한다. 독립적인 척하는 사람 역시 의존적인 배우자를 선택하기 쉬운데, 억압된 의존욕구가 배우자를 통해 되살아나기 때문이다.

예 ────

부모에게 학대받은 아내가 있다. 아내는 폭력적인 아버지의 모습을 남편에게 투사하고, 남편이 아버지처럼 자신을 학대하도록 유도한다(남편에게 아버지 모습을 투사, 남편은 아버지 모습을 내사). 그것은 어렵지 않다. 예전 어머니가 했던 것처럼 남편의 치명적인 약점이나 아킬레스를 건드리면 된다(어머니를 내사). 결국 남편은 자극을 받아 폭발한다. 남편은 폭력적인 아버지처럼 되고, 자신은 어머니처럼 희생자가 된다. 그토록 지겹다고 외치던, 그렇게는 안 살겠다고 다짐했던 부모의 부부관계가 지금 그대로 재현되고 있다.

어린 시절 오빠들의 성공을 보고 자란 늦둥이 막내가 있다. 세 오빠는 동네에서 소문난 '잘난 사람들'이었다. 일류 대학 출신으로 인물도 빼어났고 남들이 부러워하는 직업도 가졌다. 막내는 그런 오빠들이 자랑스러웠지만, 한편으로는 '저만큼 해야 한다'는 부담감과 실패에 대한 불안이 있었다. 결국, 막내는 오빠들만큼 이루지 못했다. 막내는 오빠들의 조언이 무시하는 것으로 들렸고 열등감에 힘들었다.

열등감 덩어리는 열등감으로 세상을 본다. 막내가 결혼할 즈음 괜찮은 남자들을 여럿 소개받았지만, 그때마다 막내는 퇴짜를 놓았다. 우월한 사람이 옆에 있으면 자신의 열등감이 도드라지기 때문이다. 막내는 자신을 무시하지 않을 만한 남자를 골랐다. 열등감이 한몫했다.

남편만은 자신을 무시하지 않을 거란 예상은 빗나갔다. 남편의 무시가 심해질수록, 막내는 남편과 오빠를 비교하며 남편의 열등감을 더 자극하였다. 부부는 서로의 열등감을 가차 없이 찔러대며 앙갚음했다. 연인과 부부는 서로의 열등감을 적나라하게 볼 수 있는, 참으로 잔인한 관계다. 열등감 덩어리는 빼어난 선구안으로, 자신의 열등감을 그대로 반영해 줄 상대를 골라, 열등감에 사무쳐 살게 만든다.

투사라는 개인 차원의 기제가 대인관계 차원으로 바뀐 것이 투사적 동일시다. 이것은 상대를 조종하고 소유하려는 원시적인 방법이다. 투사는 개인의 내면에서 일어날 뿐 상대방에게는 거의 영향을 미치지 않는다.

하지만 투사적 동일시는 서로 주거니 받거니 하면서 서로가 하나로 연결된다. 투사적 동일시를 통해 관계는 더 긴밀해지고, 떼고 싶어도 뗄 수 없는 관계가 된다(Segal, 1999; 최영민, 2010). 그래서 투사적 동일시는 연인이나 부부관계에서 아주 흔하게 일어난다. 투사적 동일시는 부부관계나 가족관계의 역기능을 이해하는 데 매우 유용하다.

4. 갈등을 일으키는 부부의 역동

부부관계에서 일어나는 갈등에는 의존심과 적개심이라는 역동이 있다. '배우자에게 사랑과 인정을 받기 위해'라는 전제에는 이미 불행이 잉태되어 있다. 의존심이 좌절될 때 '사랑받기 틀렸다'라는 열등감이 올라온다. 열등감은 죄책감과 보복이라는 적개심을 만들고, 욕구가 채워질 때까지 집요하게 군다. 의존이 좌절될수록 완벽한 사랑에 대한 환상과 집착은 더욱 커진다.

굴러온 복을 발로 차는 사람 1

예 ─────

어린 시절 공부를 잘한 덕분에 부모의 인정을 듬뿍 받은 남편이 있다. 하지만 남편 부모의 인정은 순수한 사랑이 아닌 조건적인 사랑이었다. 성적이 떨어지면 가차 없는 비난이 뒤따랐기 때문에 남편은 학업에 매진할 수밖에 없었다.

다섯 딸 중 넷째로 태어난 아내는 부모의 사랑에 굶주린 사람이었다. 태어날 때부터 아들이 아니라는 이유로 실망스러운 딸, 있어도 그만 없어도 그만인

딸이었다. 부모의 인정을 받기 위해 아내는 부단히 노력하며 여태껏 살아왔다.

　결혼 후 부부관계는 심각해졌다. 학업이 직장 업무로 대체된 남편은 여전히 열심히 일만 했다. 지위가 올라가고 연봉이 높아지면 어머니처럼 아내가 기뻐하며 칭찬할 줄 알았다. 그런데 아내는 "나를 사랑하느냐? 일을 더 사랑하냐?"고 닦달하면서, 남편에게 끊임없이 성관계를 요구했다. 아내는 남편과 관계할 때만 남편이 온전히 자기 것 같고, 온전히 사랑받는 것 같았다. 그런 아내가 저급하다고 생각한 남편은 아내의 요구를 무시하기 일쑤였다. 그러면 아내는 남편에게 적개심을 더 퍼부어 댔고, 아내가 그럴수록 남편의 귀가 시간은 늦어졌다.

　아내가 남편의 수입과 지위를 행복으로 누린다면, 그리고 남편이 아내의 성적 요구를 즐거움과 사랑으로 누린다면 얼마나 좋을까. 역동은 긍정적인가, 부정적인가보다 조화로운 것이 더 중요하다.

　배우자는 상대의 의존심을 기가 막히게 알아본다. 의존심이라는 거지가 몇 명이나 있는지 정확하게 알아보는 재주가 있다. 당사자인 자기 자신만 모를 수 있다. 그래서 성숙한 관계로 가려면, 자신의 역동을 인정하면서 배우자의 피드백을 귀담아들을 필요가 있다.

굴러온 복을 발로 차는 사람 2

　의존적 애정욕구와 박탈감의 불안이 비교적 낮고 자아가 튼튼한 남자와 그렇지 않은 자존감 낮은 여자가 만났다. 이 커플의 사랑은 오래 지속

될 수 있을까? 만약 깨진다면 그 이유는 무엇일까?

예 ───────

여자는 처음에 좋은 가정에서 잘 자란 남자가 좋아 보였다. 하지만 시간이 갈수록 부러움과 함께 열등감이 올라오면서, 초라하고 못난 자신과 가족이 부끄러웠다. 자라온 가정이 비교되면서, "왜 나를 이렇게 못나게 키웠을까?" 부모에 대한 원망도 올라온다. 열등한 자기를 보여주기 싫다. 그러다 "저렇게 좋은 남자가 나를 왜 만날까?"라는 의문이 들면서 사랑을 의심하기 시작한다. 자신의 진짜 모습이 드러나면, 남자는 분명 실망하면서 떠날 거라는 생각에 괴롭다. 버림받느니 차라리 먼저 차 버리는 편이 낫다는 생각이 들면서 여자는 헤어지자고 한다.

처음에 남자는 어려운 환경에서 고생하며 살아온 여자가 측은해 보였다. 여자를 따뜻하게 위로하고 다독이면서 돌보았다. 자신이 받은 사랑을 이 여자도 경험한다면, 이 여자도 행복해질 수 있을 거라고 기대했다. 이것이 구원환상이고 착각인 줄 남자는 몰랐다.

아무리 남자가 노력해도 여자는 행복해지기는커녕 더 비참해했다. 그리고 "나 같은 것을 왜 만나"냐고 한다. 더욱 이해가 어려운 점은 여자의 사고방식이다. 별것 아닌 일에 신경 쓰고 걱정하며, 다른 사람들이 자신을 무시한다고 괴로워한다. 아무리 아니라고 설명해도 여자는 도저히 그 생각에서 빠져나오질 못한다. 이런 패턴이 반복되자 남자는 이내 지치기 시작했다. 결국엔 "너도 나를 무시하냐"는 여자의 말에 두 손 두 발을 들었다.

의존심과 적개심의 역동에 휘말리지 않을 만큼 강한 자아를 만드는 것, 이것이 최선이지만 결코 쉬운 일이 아니다. 불안한 사람은 아무리 좋은 보물을 얻어도, 자신의 불안 때문에 결국 보물을 놓친다.

외디푸스 콤플렉스

1. 외디푸스기의 특징

리비도가 남근에 집중되는, 4~6세 시기를 남근기 phallic 혹은 외디푸스기 Oedipal stage 라고 부른다. 아이는 자기 성기뿐만 아니라 타인의 성기에 호기심과 관심을 가지며, 자위를 통해 성적 쾌감을 얻는다.

고전적인 프로이트 시각으로 남근기의 특징을 남자아이에게 초점을 두고 살펴보면 다음과 같다. 남근기 아이는 장차 어른이 된 자신을 상상하며 놀이를 통해 어른 역할을 연습해본다. 그러다 아이는 자위, 어머니와 결혼하고 싶은 욕망, 아버지를 질투하며 없애고 싶은 자신의 소망이 사회적으로 용납될 수 없는 매우 위험한 것임을 알게 된다. 이런 것이 들통나면 자기보다 훨씬 힘이 센 아버지에게 거세당할지도 모른다. 불안한 아이는 환상을 무의식 속으로 넣어버리고 아버지를 동일시하면서 내면의 갈등과 문제를 해결하려 애를 쓴다. 이런 일련의 과정을 통틀어 외디푸스 콤플렉스라고 부르고, 아이는 그 결과 초자아^{이상과 양심}를 갖게 된다.

프로이트 남근기를 보다 사회심리학적인 관점으로 바라본 에릭슨 Erikson 은 이 시기를 주도성의 시기라고 불렀다. 아이는 계획과 목표를 세우고 자신의 꿈을 이루려 하지만 그 계획과 시도는 사회적으로 금기시되는 위험한 것으로 외디푸스적인 것이다. 에릭슨은 초자아가 만들어지는 것은 인생에서 커다란 비극이라고 했다. 인생에서 사회화를 얻는 대신 대담한 주도성의 기를 죽여버렸기 때문이다.

다음은 외디푸스 콤플렉스가 적절하게 해결되지 못할 때 일어날 수 있는 사항들이다.

- 심각한 성 정체성 sex identity 문제
- 성행위에 대한 죄책감
- 친밀한 관계에서 의사소통의 어려움
- 자신과 타인의 감정에 대한 지나친 통제
- 부적절한 감정표현 화가 날 때 운다. 놀랐을 때 화낸다
- 감정 표현의 어려움
- 타인의 감정이나 행동에 지나친 책임감 나 때문에 부모가 화낸다, 슬퍼한다
- 타인을 변화시킬 수 있다는 생각

외디푸스 왕 이야기

테베의 라이오스 왕은 신탁을 통해 아들 외디푸스가 아버지를 죽이고 어머니와 결혼하는 운명이라는 것을 들었다. 라이오스는 겁이 난 나머지 아들을 죽이려 했다. 하지만 아들을 차마 죽이지는 못하고 산에 버렸다. 외디푸스는 구사일생으로 살아남아 옆 나라 코린트 왕의 양자로 자라게 된다.

하루는 외길 다리에서 외디푸스가 어떤 노인과 시비가 붙고 결국 노인을 죽이는데, 그 노인이 바로 아버지 라이오스 왕이었다. 두 사람은 서로가 누구인지 몰랐다. 한편, 오래전부터 괴물 스핑크스가 테베를 괴롭혀왔다. 테베의 라이오스 왕이 죽자, 테베에서는 스핑크스를 처단한 사람에게 왕위를 물려주고 왕비 이오카스테와 결혼을 시켜준다고 했다. 외디푸스는 스핑크스의 수수께끼를 풀면서 스핑크스를 물리치고는 이오카스테와 결혼하며 테베의 왕이 되었다. 이때까지 외디푸스는 코린트의 양부모를 자신의 친부모로 알고 있었다.

그러다 테베에 재앙이 찾아온다. 테베에 아버지를 죽인 패륜아 때문에 재앙이 일어났고, 그 범인을 찾아 벌을 줘야 재앙이 풀린다는 신탁이 나왔다. 결국, 아버지를 죽인 범인이 외디푸스라고 밝혀지면서, 어머니이자 아내인 이오카스테는 자살한다. 외디푸스는 이오카스테의 브로치로 자기 눈을 찔러 장님이 된다. 눈이 먼 외디푸스는 딸 안티고테와 함께 사막을 헤맨다.

2. 남근 선망 penis envy

예

S는 딸 넷 중 맏딸로 태어났다. 첫 딸이라 아들로 태어나지 못한 부모의 아쉬움은 동생에 비해 적었을 것이다. 하지만 둘째 동생부터 어머니의 한숨과 눈물, 전쟁 같은 부모의 부부 싸움, 집안이 풍비박산 날 것 같은 소용돌이를 세 번이나 겪었다. 동생이 태어나는 것이 너무 싫었다. 아버지는 바깥으로 겉돌며 가정을 등한시했고 급기야는 고모들이 "대가 끊긴다"라며 씨받이를 강권하게 되었다. 부모는 S에게 '열 아들 부럽지 않은 딸'이 되길 바랐다. 집이 망하지 않으려면 S는 아들 열 명 몫을 해내야 했다.

그래서 남자를 경쟁자로, 반드시 이겨야 할 대상으로, 타도해야 할 대상으로 여겼다. 여자가 남자보다 공부를 잘해도, 똑똑해도, 능력이 있어도, 여자는 반장이나 학생회장이 되지 못하는 시절이었다. 그 바람에 S의 남자에 대한 적개심과 질투는 극에 달했다. 남자는 적이기 때문에 못되게 대해야 하고 싸워서 이겨야 했다. 친구가 짓궂은 남자아이들에게 당했다든지, 동생이 남자아이들에게 맞고 오는 날에는 전사로 돌변해서 쳐부수러 나갔다. 남자와 친하게 지내는 것은 있을 수 없는 일이었다.

대학에 와서도 S는 여전히 남자를 깔보고 무시했다. 남자 선배들에게 밥 사 달라고 애교와 아양을 떠는 여학생에게는 "밥은 제 돈으로 사 먹는 거다. 너희가 거지냐"라며 한심하게 바라보고 비웃었다. 조금 모자라거나 못나 보이는 남학생이 있으면 "너희 엄마, 너 낳고 미역국 먹었냐"며 무시하기 일쑤였다.

그런데, 한눈에 반한 남자가 생기면서 문제가 생겼다. S는 그 남자에게 사랑받고 싶었다. 그런데 방법이 적절치 않았다. 아니 방법을 몰랐다. 매력을 어필하려면 친절하고 사근사근하게 굴어야 하는데, 한 번도 그런 적이 없으니 어떻게 해야 할지 몰랐다. 혼란스럽고 어색했다. 그러면서 S는 자신의 여성성을 보게 되었다. 한 번도 여성성을 가치 있다고 여긴 적도 없고 돌본 적도 없었다. 자신의 여성성을 아끼고 돌보기보다는 능력 있는 사람이 되는 것이 우선이었다. S는 여자로서 너무 초라했다. 어떤 남자가 본인을 여자로 좋아하고 사랑해줄지 자신이 없었다.

외디푸스 이전, 여아와 남아의 성 발달은 크게 차이가 없다. 여아는 어린 시절 자신도 남아처럼 남근이 있는 줄 안다. 그러다 5살 즈음, 자신에게 남근이 없다는 것을 알게 된다.

딸은 "하나 차고 나오지"라는 할머니의 말이 '아들이 아닌 딸은 사랑받을 자격이 없다'라는 뜻이란 것을 알게 된다. 딸은 "나는 고추가 왜 없냐, 내 것은 어디에 있냐?"고 어머니에게 묻는다. 딸은 어머니가 일부러 자기에게는 만들어주지 않았다고 여긴다. 혹은 여아는 원래 남근을 가졌었는데 거세당한 것이라 여긴다. 아들이었더라면 사랑을 더 많이 받았을 거라는 남근 선망이 생기면서, 남근을 주지 않은 어머니를 미워한다. 여아는 열등감을 느끼면서 남근을 가지고 싶어 한다. 이것이 여아의 거세 콤플렉스이다.

딸로 태어난다는 것은 태어날 때부터 출발선이 다르다는 것을 의미한다. 딸은 태어날 때 부모의 환영보다는 실망과 아쉬움을 먼저 만난다. 그 래서 딸의 존재감이나 자존감의 기초공사는 아들과 질이 다르다.

거세 콤플렉스를 가진 여아는 세 가지 방향으로 자신의 성 정체성을 발달시켜 나아간다. 첫째, 여성을 포기하고 성직자처럼 성이 없는 것처럼 산다. 둘째, 거세를 부정하고 남근을 가지고 있는 남자처럼 산다. 셋째, 여 성을 인정하고 여성으로 산다. 성 정체성은 한 사람의 정체성 가운데 큰 비중을 차지하는 부분이라 매우 중요하다. 딸과 마찬가지로 아들의 남성 성 발달 역시 부모에게 달려 있다.

아들을 얻으려고 계속 아이를 낳다가 줄줄이 딸, 그러다 천신만고 끝 에 아들을 낳으면 그 아들은 집안의 보물이 된다. 하지만 아들이 진정한 보배가 되기는 대단히 어렵다. 아들만 위하는 어머니를 보면서 딸들은 칼을 간다. 어머니는 딸들에게 아들을 위한 양보와 희생을 당연한 듯 요 구한다. 딸들이 진학을 포기하고 돈을 벌어 아들의 학비를 대는 경우도 허다했다. 아들은 맛있는 도시락 반찬을, 학원을, 대학 진학을, 서울 유학 이라는 특전을 받는 왕자님이지만 딸은 서러운 무수리였다.

하지만 속 내용은 좀 다르다. 어머니의 치마폭에 쌓인 아들은 의존적 이고 유약하다. 어린 시절 여자아이와 비교해 발달이 늦은 남자아이가 혼자서 여러 여자를 상대하기란 매우 버거운 일이다. 남성성의 공격이 거 칠고 무자비하고 박살 내는 것이라면, 여성성의 공격은 교활하고 치밀하 며 술수가 있고 지능적이다. 아들은 누이들 사이에서 치이고 어머니의 강력한 마수의 손길에 숨통이 조이는 경험을 하면서 여자들의 등쌀에 넌더리 친다. 귀한 아들이라는 이유로 의존심과 무기력감은 더 커지고 경쟁적인 누이들로 인해 열등감과 패배감이 짙어진다. 누이들은 생존하기 위해 몸부림치며 강인해졌고, 각자도생하면서 질기고 독해졌다. 화초는 사람이 돌보지 않으면 살아남기 어렵지만, 잡초는 사람 손이 닿지 않아도 무섭게 번식하며 살아낸다. 반면 여성성에 치인 아들의 남성성은 제대로 발달하기 어렵다.

3. 외디푸스왕, 그가 나였다

외디푸스기가 되면 그 이전의 2자 관계 ^{어머니와 자녀}가 이제는 아버지를 포함한 3자 관계가 된다. 아버지는 최초의 사회적 관계다. 아이가 사회적 관계를 잘 맺으려면, 어머니와의 2자 관계가 성공적이어야 한다. 어머니와의 2자 관계가 탄탄하지 않으면 3자 관계도 제대로 형성될 수 없다. 외디푸스 콤플렉스는 아버지-어머니-자녀 세 사람의 삼각관계를 의미한다. 프로이트는 동성의 부모를 욕망하면서 이성 부모에게 경쟁과 질투를 느끼는 삼각관계 즉 남아의 거세공포와 여아의 남근 선망이라는 외디푸스기의 문제가 신경증의 원인이라고 보았다.

프로이트의 '동성 부모와의 경쟁, 이성 부모 독차지'라는 공식이 반드시 성립하는 것은 아니다. 외디푸스 콤플렉스는 아들이 아버지를 사랑하고 어머니를 제거하고 싶은 경우나, 딸이 어머니를 사랑하고 아버지를 제거하려는 경우처럼 여러 가지 양상으로 나타난다. 이것은 인간은 모두 양성이 있다는 점을 나타낸다(이무석, 2003).

외디푸스 콤플렉스는 자녀가 불안한 부부관계를 해결하려고 자신을 희생시켜 가면서 아버지와 어머니 사이에 개입하는 것을 말한다. 남편에게 실망한 어머니가 아들을 영원한 연인이자 남편으로 삼으면서 비극은 시작된다.

예

경숙은 늦은 나이에 결혼한 부모가 간절히 기다렸던 무남독녀 외동딸이다. 사고 후유증으로 장애가 있는 어머니와 사기를 당해 전 재산을 날리고 신용불량자가 된 아버지 때문에 경숙은 어릴 때부터 일찍 철이 들어야 했다. 부모 대신 상황을 파악하고 해결해야 했고, 불안이 높은 어머니를 다독이고 돌보는 것 모두 경숙의 몫이었다. 그런 경숙을 보고 이웃 사람들은 "효심이 지극하다, 야무지게 잘 키운 딸이다. 애 어른이다"라며 칭찬했다. 인정에 힘입어 경숙은 더 의젓하고 어른스럽게 살아야 했다.

경숙의 남편은 아버지처럼 철이 없고 생각이 없었다. 경숙은 남편에게 불같은 분노가 일었고 남편은 경숙의 눈치를 보면서 두려워했다. 지금껏 경숙은 자신이 '똑똑하고 야무진 괜찮은 사람'인줄 알았는데, 상담에서 그저 거짓 자기였다는 것을 알고 오열했다. 어린 시절을 송두리째 빼앗긴 서러움과 부당함, 씩씩한 척하며 자신의 두려움과 압박감을 애써 외면하며 살아온 자신의 인생이 너무 가여웠다.

외디푸스 콤플렉스는 주로 어머니가 자녀에게 아버지에 대한 비난이나 흉을 보면서 시작된다. 어머니가 자녀를 부부관계로 끌어들이면서 삼각관계가 만들어진다. 이때 자녀는 아이가 아니라 어른으로 초대된다. 어머니의 고발로 자녀는 아버지의 비리를 알게 된다. 사실 자녀는 아버지의 비리를 알 필요가 없다. 하지만 자녀는 어머니의 관점을 그대로 받아들이면서 자신의 관점을 잃어버린다. 그리고 어머니와 합세하여 아버지를 비난한다. 자녀에게 가장 큰 불안은 어머니가 불행하다는 사실이다. 아버지 대신 자신이 어머니를 행복하게 해주겠노라 다짐하고 언약하면서, 자녀는 파멸의 문을 열게 된다. 부모가 자녀를 대리배우자로 삼고, 삼각관계의 희생자로 만드는 것은 명백한 학대다. 어머니가 의도적으로 그렇게 한 것은 아니다. 이런 과정은 지극히 무의식적인 것이다.

자녀는 아이다움을 잃어버리고 '나 됨'이라는 자의식이 박탈된다. 그러면서 자녀는 부모의 필요와 외로움을 돌봐주는 부모의 '부모 역할'을 해야 한다. 이것이 바로 **비육체적 성적 학대, 비육체적 근친상간**이다 (Bradshow, 1991).

"그에게 내렸던 저주가 우리가 태어나기 전부터 우리에게도 내려졌다. 아마도 우리는 모두 그와 같은 운명을 가지고 태어난 것 같다. 사랑하는 최초의 대상은 어머니이고 죽여 버리고 싶은 최초의 대상이 아버지라는 운명을 지니고 태어난 것이다. 외디푸스 왕은 아버지를 죽이고 어머니와 결혼했다. 이것은 우리의 어린 시절 소원이 이루어진 것이다"(프로이트, 1900).

만일 유치원에 다니는 아이가 지나치게 책임감이 강한 아이, 지나치게 성취지향적인 아이, 성취도가 낮은 아이, 반항아, 사람을 즐겁게 해주는 아이, 착한 아이, 연인, 보호자, 가해자 중 하나라면 외디푸스기의 상처가 있다는 증거다. 아이는 그저 아이면 된다(Bradshow, 1991).

어머니의 의존은 자녀에게 상처가 되고, 장차 미래 자녀의 부부관계를 망가뜨리게 된다. 어머니에게 분리되지 못하고, 어머니에 대한 적개심이 큰 자녀는 장차 자신의 부부관계가 좋지 않을 수 있다. 아들은 어머니의 헌신에 감사하면서도 질식할 듯한 답답함이 있다. 어머니처럼 집착하며 달달 볶는 아내 역시 숨 막히고 지겹지만, 잘해주지 못한 미안함이 있다. 아들은 어머니와 아내 사이에서 이러지도 저러지도 못하며 갈등한다. 이렇게 부모 사이에 낀 자녀는 결혼 후에도 아내와 어머니라는 또 다른 삼각관계를 만든다. 삼각관계는 부부 갈등을 일으키는 주요 요인이 된다.

부모를 보살피는 아이는 평생 자신을 혹사하면서, 습관적으로 압도당하는 감정을 만들어 낸다. 부모의 짐을 대신 지거나 자신이 맡아 해결하려는 것은 착각일 뿐, 모두를 불행하게 만든다. 부모가 나이가 들어 거동이 편치 않거나 기력이 없어 자녀가 부모 대신 일을 해줄 때도, 부모의 존엄을 손상하지 않도록 하는 것이 중요하다(Wolynn, 2016).

외디푸스 콤플렉스에서 벗어나게 되면 부모의 부부관계에 굳이 끼어들지 않아 불안이 줄어든다. 또 자신과 상관없는 그들만의 관계가 있다는 것도 이해할 수 있다. 그것은 유아적 자아중심성을 뛰어넘는 엄청난 도약이자 승리다(McWilliams, 2008).

6

가족을 마음대로 휘두르다: 코헛의 자기애성 성격

1. 자기밖에 모르는 당신: 자기애성 성격

J는 어릴 때 부모를 여의고 자수성가했다. 가난하고 뒷배도 없지만, 혼자 힘으로 명문대를 졸업하고 대기업에 들어갔다. J가 살아온 삶은 초라했어도 겉으로는 절대 표 내는 법이 없었다. 오히려 지난날을 이야기할 때면 마치 영웅담처럼 과장과 허풍을 보태 대단하다고 자랑한다.

어린 시절 부모의 따뜻한 사랑을 충분히 받지 못한 J는 내면에 열등감을 느끼고 위축된 아이가 있다. 그래서 늘 칭찬과 인정을 받고 싶다. 초라한 모습을 들킬까 봐, 다른 사람이 무시할까 봐 자신을 화려하게 부풀리고 포장하기도 한다. 평생을 인정과 칭찬 욕구를 채우는 데 열중했지만, 그것은 잠시뿐 금방 허전하고 공허하다.

J는 집에서 폭군이다. 가장이라는 이유로 뭐든 자기 마음대로 한다. 경제권은 물론 아내의 옷까지 간섭하며 통제한다. 대학생이 된 자녀의 성적, 수강 신청이나 통금시간도 관리한다. J는 자녀가 최고가 되기를 바라며 자녀에게 최고의 것을 해주려 했다. 자녀의 학벌과 직업, 배우자 선택이 최고가 되도록 열정을 쏟지만, 이것은 자기애적이다.

자기 마음에 들지 않을 때 J는 폭력을 휘두르며 폭발한다. J의 기분에 따라 집안은 전쟁터가 된다. J는 자기애성 성격을 잘 보여주는 전형적인 예다.

2. 자기애성 성격의 특징

자기애성 성격은 다른 사람의 환호와 감탄이 늘 필요하다. 관심과 칭찬을 받고 싶은 욕구가 상당히 강하다. 그래서 유명한 연예인이나 정치인이 되어 뭇사람들의 주목을 받으려 한다. 겉은 화려하게 부풀려 포장했지만, 이면에는 열등감과 비참함, 초라함이 있다. 적대적이고 이기적인 자기 모습을 다른 사람들이 알게 되면 자기를 무시하고 창피당할 거라 여긴다. 떠벌리는 자기애성 성격도 있지만 반대로 자기를 절대 드러내지 않으려는 자기애성 성격도 있다. 내면이 공허한 자기애성 성격은 온전히 스스로 서 있을 수 없다. 자신을 세워 줄 수 있는 어머니가 늘 필요하다. 겉으로는 공주나 왕자지만 내면은 늘 배가 고픈 거지다.

이들은 아무리 사랑을 받아도, 받은 것 같지 않고 충분하지 않다. 이들의 대인관계는 처음에 거침없이 상대에게 **빠져들다가**, 이내 상대방에게 실망하며 관계를 끝낸다. '혹'하며 한눈에 반하다가, '급'실망하며 단절하는 패턴이 반복된다. 그러면서 완벽한 사랑과 이상적인 관계를 평생 찾아 헤맨다.

자기애성 성격은 오로지 자기 욕구를 채우는 데만 관심이 있다. 그래서 상대방은 욕구를 채우는 수단이 되기 쉽다. 자기밖에 모르는 자기애성 성격은 상대방의 입장이나 마음을 헤아리기 어렵다. 자기애적이라는 의미는 대상관계 _{경계가 있는 상호의존적인 관계}와 대비되는 말로, 세상으로부터 철회해 자기 자신으로 돌아가는 것이다. 세상이 자기중심적이라, 배우자도 자녀도 자기 자신으로 인식한다. 그래서 배우자가 내 편을 들어주지 않을 때 화를 내고, 배우자와 자녀를 자기 뜻대로 만들려고 한다. 아내의 생각이나 감정을 무시하면서 독불장군처럼 아내를 지배하는 남편이 바로 이런 경우다. 참지 못한 아내가 헤어지자고 하지만 남편은 아내가 왜 그러는지 이해할 수 없고, 자신이 대체 무엇을 잘못했는지도 알 수 없다.

어머니는 남편과 자녀에게 "이렇게 하라, 저거 해라"라며 요구하고 통제한다. 자기애적 성격은 가족을 자기 욕구를 채우는 수단으로 삼아 그 위에 군림한다. 조직에서 지위가 높아지면 부하직원을 자기 수족처럼 다루며 함부로 한다. 남의 업적을 자기 것으로 가로채며 갑질을 한다. 그들은 자신과 타인 사이에는 경계가 있고 서로가 분리되었음을 모른다. 그래서 깊은 관계를 맺거나 공감이 어렵다.

열등감이 많은 못난 사람일수록 자신의 단점을 인정하기 어렵다. 그래서 이들은 조그만 일에도 쉽게 노여워하고 난폭해진다. 상대방이 무엇을 잘못했거나 어떤 빌미를 제공해서 격노와 폭력이 일어나는 것이 아니다. 상대방은 아무 상관이 없다. 그저 응집성이 약하고 단단하지 못해 취약한 자기가 조그만 자극에도 붕괴한 상태가 격노다. 격노와 폭력을 행사하는 사람은 대부분 자기애적 성격장애일 수 있다.

이들은 이상적이라고 여기는 모습을 상대에게 투사하여 자기 자신을 사랑한다. 상대의 진정한 모습을 볼 수 있는 안목이 없어 진정한 사랑이 어렵다. 그저 사랑한다고 착각할 뿐이다. 있는 모습 그대로 보이면 위험하다고 여겨 자신도 남에게 솔직한 모습을 보여주지 않는다. 오로지 감각적이고 즐거움만 추구하는 성을 사랑이라고 믿는다. 상대에게 흠을 발견할 때마다 연인을 버리고 새로운 사람으로 갈아치우길 반복하면서 평생을 보낸다. 내면이 공허한 자기애성 성격은 성이나 다른 무언가로 자신의 내면을 채우려 한다. 그래서 중독에 빠지기 쉽다.

이들은 타인의 반응에 지나치게 예민한 나머지, 상대의 반응에 따라 천국과 지옥을 오간다. 자기 삶이 가치 있느냐 없느냐는 상대방에게 달려 있다. 자기 삶이 없다. 상대가 자신을 부정적으로 본다는 낌새가 있으면 신경을 곤두세우고 정색한다. 그럴수록 자아는 취약해진다. 인정받을 때는 에너지가 차오르지만, 인정받지 못하면 무가치한 존재라는 느낌 때문에 죽을 것만 같다.

자기애성 성격의 방어기제는 이상화와 평가절하다. 이상화가 너무 심하거나 반대로 이상화를 아예 할 수 없다. 그래서 이들은 극과 극을 오가는 감정으로 인해 쉽게 불안해진다. 상대를 지나치게 이상화한 나머지 충성을 넘어서 우상화idolized 한다. 인간에게 신을 찾으며, 이상화한 상대와 융합되어 있다.

청소년기 이전의 아이들은 부모를 지나치게 이상화하는 경향이 있다. '부모라면 ~는 해 줘야 한다'라는 생각이 바로 부모를 이상화하고 있다는 증표다. 부모를 대단하다고 이상화하는 자녀일수록 자녀의 열등감과 수치심은 깊다. 청소년기를 지나면서 부모를 향한 이상화는 역전된다. 이제는 부모를 탓하고 비난하며 반항하는데, 이것은 겉모습만 바뀌었을 뿐 이상화와 같은 맥락이다.

자기애적 성격은 연인, 스승, 영웅을 완벽하다고 여긴다. 그 사람과 자신을 동일시하면서 '나는 대단한 사람의 측근이다'라며 자존감을 유지한다. 그러다 그 사람이 완전하지 않다는 것을 발견하면, 그 사람을 바로 나락으로 떨어뜨리는 패턴을 평생 반복한다. 이상화할 만큼 완벽한 인간은 없다. 극단적인 이상화는 극단적인 평가절하를 가져올 수밖에 없다 (McWilliams, 1994).

자신의 못난 모습이 탄로 날까 두려워 감정을 철저히 은폐한다. 질투가 많은 자신을 타인에게 투사하며 그들이 자신을 질투한다고 여긴다. 이들의 질투는 다른 사람의 질투를 자극하고 도발한다.

자기애성 성격은 자녀에게 "너는 뭐든지 다 할 수 있어"라는 말을 자주 한다. 자신도 경험하지 못한 삶을 자녀에게 기대하는 것 역시 자기애의 표현이다. 전쟁이나 박해, 재난으로 인해 인생이 처절하게 박탈당했던 부모는 자녀에게 "삶이 즐거워야 한다, 너는 무엇이든 할 수 있다"고 강조한다. 그런 말을 듣고 자란 자녀는 실패하거나 불행할 때마다, '내가 잘못되었다'라고 생각한다. 이런 자녀의 경우 전형적으로 정체성 혼란, 막연한 수치심과 공허감을 가진다(McWilliams, 1994).

자기애적 성향은 자수성가한 사람에게 많이 나타난다. 자신은 누려보지 못한 애정과 지원을 자녀에게 주고 있다면 그것은 자기애로 하는 것이다. 그래서 자녀는 행복해야 하고, 성공해야 하며, 부모에게 고마워해야 한다고 여긴다. 하지만 자녀는 부모의 지원을 별로 고마워하지 않는다. 결국, 자신이 부모에게 했던 원망을 자녀가 자신에게 똑같이 하는 것을 듣게 된다. 자기애로 자녀에게 무언가를 해주는 것은 자녀를 자기애 성격으로 만들 뿐이다.

이상화-평가절하처럼 자기애성 성격은 거대자기-고갈된 자기라는 극단적인 자기가 있다. 양 극단적인 자기는 '이만하면 좋다 good enough me'라는 경험을 누릴 수 없다. 허술한 정체성으로 늘 산산이 조각날 것 같은 두려움이 있다(McWilliams, 1994). 코헛은 깨질 것 같은 허약한 정체성은 신체적 건강에 집착하는 건강염려증, 성적 행동, 격노하는 것으로 드러난다고 보았다.

3. 코헛과 자기애성 성격

그렇다면 자기애적 성격은 왜 생기고, 어떻게 만들어지는가? 그에 대한 답을 정신분석적으로 설명한 학자가 하인즈 코헛 Heinz Kohut 이다.

하인즈 코헛(1913~1981)은 오스트리아 비엔나에서 태어나 미국 시카고로 이주한 유태인 정신과 의사이자 교수다. 미스터 정신분석가라는 별칭을 얻을 정도로 프로이트 이론을 따르다, 나중에는 자신만의 자기 심리학과 자기애성 성격구조에 관한 이론을 개척했다.

코헛은 프로이트와 달리 인간의 기본욕구를 자존심을 지키는 것, 다른 말로 자기 응집성 self-cohesion 을 유지하는 것이라고 주장했다. 자기의 응집성을 잃어버려 '자기'가 깨질 때 심리적 외상이 생기지, 욕구가 좌절되어서 심리적 외상이 생기는 게 아니다. 이때 '자기'란 '주관적인 나', '핵심적인 나'로, 자기의 경험을 주관적으로 느끼고 해석하며 자신만의 것으로 통합하는 주체를 말한다. 아기는 처음에 '자기'로 자라날 씨앗^핵만 가지고 태어나는데, '자기'라는 핵에 아기가 경험한 것들이 더해지고 통합되면서 견고하고 응집성 있는 자기가 된다. 그래서 한 사람의 인격이 건강하다는 것은 응집성 있는 든든한 자기가 형성되었다는 뜻이다.

엉성하나마 처음으로 '자기'가 구성되는 시기는 외디푸스기 혹은 잠복기 초기 즉, 초등학교 들어가기 전이다. 코헛은 '자기'는 야망 ambition 과 이상 idealizing 그리고 이 둘을 이어주는 재능과 기술로 구성되었다고 보았다.

자기의 응집성이 약해지는 이유는 생애 초기 부모의 보살핌이 부족해서다. 부모의 양육 실패로 자기애 욕구가 좌절되면, 살아가는데 필수적인 자기애가 상처를 입게 되고 그 결과 '자기'가 취약해지면서 자기애 성격이 된다.

4. 첫 번째 발달단계: 공생관계와 일차적 자기대상

인간은 원래 자기애적이다. '자랑스럽고 잘난 자신'을 뽐내며 과시하고 싶은 인간의 욕구는 당연한 욕구다. 이는 아기의 모습에서 쉽게 알 수 있다. 아기는 함빡 웃으며 귀여운 모습으로 사랑받으려 한다. 엉성하고 어설픈 돌배기 아기의 첫걸음은 대관식의 황제처럼 멋지다. 신나게 엉덩이를 흔들며 춤을 추는 아기는 자신의 흥과 끼를 유감없이 표현한다. 아기의 자기표현에는 부끄러움이나 주저함이 없다. 그저 자신을 세상에 있는 그대로 보여주며 맘껏 자랑한다. 어릴 때 인간은 자기애를 충만하게 누리고 경험해야 할 권리가 있다.

이때 부모의 반응이 중요하다. 부모는 박수와 환호성으로 아기의 뽐냄을 찬탄하고 축하해주어야 한다. 그 힘으로 아기는 세상을 살아갈 수 있다. 그것을 받지 못한 아기는 수치심에 압도당하고 존재 가치는 빛을 잃는다. 세상이 너무 팍팍하고 매정하며 혹독하다고 여긴다. 이것은 가장 근원적이고 가장 깊은 영혼의 상처인 수치심을 만든다.

수치심은 자기 존재가 무기력하고 무능한 느낌, 비참하고 추한 느낌을 말한다. 수치심은 죄책감과 확연한 차이가 있는데, 잘못한 것이 없는데

도 뭔가 잘못한 것 같고 세상이 자신을 비난하는 것 같다. 그래서 다른 사람에게 비난받으면 자신의 전체가 무시당하는 것 같은 모멸감을 느낀다. 그것은 자기의 파편화가 일어났기 때문이다.

아기의 자기애적 욕구가 충족되어야 하는 때가 바로 생애 초기 공생관계다. 어머니는 아기의 상태를 자기 마음인 듯 공감하고 이해해준다. 어머니는 아기에게 모든 것을 다 해주고, 아기는 더할 수 없는 행복한 상태가 된다. '아기를 위해 모든 것을 다 할 수 있다'라는 어머니와 어머니를 '전능한 신'으로 보는 아기, 두 사람은 정말 완벽한 관계다.

코헛은 태어나서 몇 주 동안의 이 시기를 일차적 자기애적 상태, 그리고 어머니를 일차적 자기대상이라고 불렀다. 아기가 한 인간으로 성장하기 위해 '자기'를 구축하려면, 자신의 존재를 확인해 주고 감탄해 주며 인정해 주는 사람이 절대적으로 필요한데, 코헛은 이 존재를 **자기대상**self object 이라고 했다. 자기대상은 말 그대로 자기와 대상이 합쳐진 것으로, 바깥에 있는 대상이자 동시에 자기이기도 한 대상이다. 내 혀처럼 내 마음대로 따르고 움직여 줄 것이라 믿는 대상이 바로 자기대상이다. 아기에게는 어머니가 바로 자기대상이다.

자기대상이란 자기가 충분히 발달하지 않은 아기가 어머니의 인지적·정서적 기능을 마치 자기 것처럼 가져다 쓰는 것을 말한다. 강력한 정서적 유대감을 토대로 부족한 자기를 대신하여 대상어머니을 자기의 일부로 사용한다는 것인데, 그러려면 자기대상의 관계는 공생관계여야 한다.

어른이 되어서도 아기 때의 자기대상이 아직도 필요한 사람이 종종 있다. 예를 들어 자녀의 일거수일투족을 지시하는 어머니가 있다. 어머니는 자녀가 자기 마음대로 되지 않으면 화를 내며, 내다 버리겠다고 호통을 친다. 이 어머니에게는 자녀가 자기대상이다.

이혼하는 아내는 자녀가 남편을 만나지 못하게 하면서 남편에게 보복한다. 부모의 이혼과 상관없이 자녀는 부모를 만날 권리가 있음에도 불구하고 아내는 미숙하게도 자녀를 자기대상으로 삼았다.

시어머니가 미운 며느리는 남편에게 "왜 내 편을 들지 않느냐"며 남편을 몰아세운다. 배우자는 당연히 자기편을 들어야 하며 자녀는 어머니 뜻을 따라야 한다는 여성은 가족을 죄다 자기대상으로 만들었다. 어린 시절, 어머니의 환호와 찬미가 없는 아기는 자라서 자기대상이 너무 많이 필요하다. 그래서 세상 사람들을 모두 자기대상으로 만들어 이용하고 착취한다. 굳이 말하지 않아도 자기 마음을 헤아려서 자기 뜻대로 해주길 바란다. 이들은 상대가 자기대상이 되어 주지 않으면 상대를 공격자라고 간주한다.

자기애적 욕구는 어린 시절 자기대상과의 관계를 통해 채워져야 한다. 공생관계에서 충족되어야 할 자기애적 욕구가 있다. 첫째, 아기는 어머니에게서 기쁨과 찬탄을 받아야 한다. 이 욕구가 충족되면서 건강한 전능감이 형성된다. 이때 가장 중요한 감각은 시각이라고 코헛은 주장했다. 아기는 기뻐하는 어머니를 볼 수 있어야 하고, 어머니의 눈 속에 비친 자신을 보면서 강렬한 환희를 경험할 수 있어야 한다. 마치 물에 비친 자신을 보며 자신의 매력에 푹 빠져 사랑을 느낀 나르키소스처럼, 어머니의 눈은 아기에게 거울이 되어야 한다. 만약 이런 욕구가 시각으로 충족되지 않으면 다른 감각으로 자신을 느껴야 한다.

둘째, 공생관계에서 어머니와의 융합이 필요하다. 그러면 아기는 통합감을 경험할 수 있다. 이 두 가지가 충족되어야 제대로 관계를 맺을 수 있다(Cashdan, 1988). 그러면 아기는 전능하다는 환상을 버리고, 이제 하나의 인간으로 발달하기 시작한다. 코헛은 일차적 자기애에서 벗어나는 그 지점이 바로 발달의 시작점이라고 했다. 만약 이 과정이 실패하면 자기애성 성격이 될 가능성이 크다.

예

신학도인 P는 목회자가 자기 길인 것을 확신하다가도 불안에 떤다. 교회에서 찬양을 인도하거나 설교할 때 자신은 다른 사람인 것 같다. 순간순간 입에서 나오는 말은 자신이 들어도 감동적이다. 어떻게 자기에게서 그런 말들이 나오는지 신기할 따름이다. 마치 신들린 것처럼 신도들을 열광하게 만들고 감동을 주면서 가슴을 벅차게 만든다. P는 자신이 타고난 목사라고 자신한다. 그러다 단상에서 내려오면 뜨겁게 외치던 모습은 온데간데없고 무력하게 널브러지곤 했다. 양 손끝에서 기운이 다 빠져나가고 정신이 혼미해지면서 심할 때는 구토가 나올 지경이다.

P의 부모는 아이 곁에 머물러 주거나, 아이 존재 자체를 존중해 주는 일이

거의 없었다. 왜냐면 자신들도 받아보지 못했기 때문이다. 부모가 바라는 아이의 모습이 보일 때만 부모는 아이를 치켜세우며 칭찬했다. 부모의 환상에 일치될 때만, 부모가 원하는 결과를 얻을 때만, P는 인정받을 수 있었다. 그러나 아이가 받은 지지는 진정한 지지가 아니라 그저 부모의 자존심을 세우는 방편에 불과했다. P는 부모가 자신에게 기대를 걸지 않아도 불안하고, 부모가 기대하면 그 기대에 못 미칠까 봐 불안하다. 더 불행한 것은 결코 도달할 수 없는 이상적인 자기를 자신이라 착각하고 붙들고 있는 점이다.

어릴 적 원시적인 과시욕구를 부모가 충족시켜 주지 않으면, 과시욕구는 점점 괴물로 자라, 남들에게 자신을 칭송하고 숭배하라고 횡포를 부리며 자신이 세상에 우뚝 선 우상이 되길 바란다. 그래서 다른 사람들이 자기를 떠받들고 우러러보길 원하는 자기애적 성격이 종교 지도자나 연예인 가운데 많다.

자기애적 성격을 가진 이들은 타인이 경외의 눈으로, 열광적으로 자신을 볼 때만 자기 자신을 느낄 수 있다. 그렇지 않으면 자신은 아무것도 아닌 것 같다. 자기가 완전히 해체될 것 같은, 자신을 잃어버릴 것 같은 불안이 든다. 이런 불안과 고통을 회피하려고 지나치게 많은 일을 무리하게 한다. 성장하지 못한 채 아기 시절에 머물러 있는 원시적 자기애는, 어른이 된 후에는 병리적 자기애로 변질된다.

5. 두 번째 시도: 어머니에게 실망한 아기, 자기애를 되가져 오다
완전한 사랑, 완벽한 행복, 이상적인 어머니를 향한 바람은 인생을 집어삼킬 만큼 힘이 강하다. 공생기 행복을 유지하려는 욕망이 바로 자기 애라고 코헛은 주장한다. 자기애를 포기하고 대상에게 리비도가 흘러가야 성숙한 인격이 된다는 프로이트와 달리 코헛은 자기애는 죽을 때까지 결코 포기할 수 없는 욕구로, 성숙한 자기애로 잘 발전시키는 것이 관건이라고 했다. 유아적 자기애에서 성숙한 어른의 자기애로 나아가야 한다는 것이다.

2~3개월 즈음 공생기가 끝나면, 아기와 어머니는 일차적 자기애에서 벗어난다. 어머니는 더 이상 완벽한 어머니가 아니다. 완벽한 어머니 역할은 할 수도 없고, 해서도 곤란하다. 신과 같던 어머니 역할을 그만두고 이제는 어머니의 정체성으로 어머니 인생을 살아야 한다. 어머니에 관한 환상이 깨지기 시작하면서 아기의 파라다이스도 사라진다.

어머니에게 실망한 아이는 어머니에게 향했던 이상화를 자신에게로 다시 가져와 자신을 이상화하기 시작한다. 완벽한 어머니를 대신할 수 있는 자기만의 무언가를 만드는 것이다 내면화 과정. 이것은 완벽하게 행복했던 일차적 자기애 시절을 다시 찾으려는 시도다. 이때 아기는 내면에 이상적인 부모의 모습을 그대로 재현하는 것이 아니라, 창조성을 발휘하여 아기 나름대로 부모와 자기의 이미지를 만들어 낸다. 코헛은 이것을 변형적 내면화 transmuting internalization 라고 불렀다. 만약 내면화 과정에 오류가 생기면, 완벽한 신을 바깥세상에서 끊임없이 찾으려 한다. 그러면 결국 '자기'가 취약해진다.

여기서 중요한 점이 두 가지가 있는데, 하나는 아기의 좌절 경험이 점진적이어야 한다는 것이다. 애당초 전능한 어머니라는 이상화가 아예 없었거나, 어머니에 대한 실망이 점진적이지 않고 급작스럽다면, 이것은 치명적인 외상으로 이어질 수 있다. 어머니를 향한 환상은 아기가 감당할 수 있을 만큼 서서히 조금씩 천천히 좌절되어야 한다. 그래야 외상이 되지 않는다. 코헛은 이런 좌절을 점진적인 중성화 progressive neutralization 라고 불렀다. 점진적인 중성화 덕분에 어머니가 할 수 없는 일도 있고, 실수도 하며, 결함 있는 존재라는 것을 아기가 받아들일 수 있다. 부모 역할이 적절하다는 것은 완벽한 어머니를 뜻하는 것이 아니라, 결점과 부족함이 있는 어머니를 말한다. 완벽한 부모는 오히려 아이의 발달을 방해해서, 계속 어린 아기로 남아있게 만든다.

다른 하나는 어머니의 민감하고 세심한 돌봄이 있어야 한다는 점이다. 어머니의 보살핌은 아기가 외상에 대한 보호막이 된다. 어머니가 아기를 달래서 재워주고, 위로와 공감으로 아기를 진정시켜주면, 아기는 '자기'를 잘 만들 수 있다. 상처가 되지 않을 만큼의 좌절 경험과 아기를 진정시키고 안심시키는 보살핌 덕분에 아기의 인격은 형성된다.

상담 역시 위로와 공감, 안심시켜주는 것에서 시작해야 한다고 코헛은 주장했다. 자기애적 문제를 해결하기 위해서는 상담자의 공감과 반영으로 내담자의 자기애 욕구를 충족시킬 필요가 있다. 상담자의 뛰어난 해석보다 공감과 반영이 상담에서 가장 중요한 요소라고 코헛은 주장했다. 실제로 코헛은 분리된 대상으로서 상담자보다는 내담자와 융합된 자기대상으로서 상담자 역할을 했다고 한다. 코헛은 인본주의학파 로저스 Rogers 가 말하는 공감, 일치성, 수용이 그리 쉬운 일이 아니며, 완벽한 공감과 수용보다는 공감과 반영에 실패했을 때 상담자가 어떻게 자신의 실수를 인정하고 다루는지가 더 중요하다고 했다.

공생기가 끝난 후, 일차적 자기애는 이제 두 가지 방향으로 나뉘어 발달하기 시작한다. 하나는 대상이미지, 또 다른 하나는 자기이미지로 리비도[3]가 흘러간다. 일차적 자기애를 회복하려는 아기의 노력에 적절한 부모 역할이 더해지면 자기이미지는 과대자기 grandiosity 가 되고, 대상이미지는 이상화된 부모 이마고 idealized parent imago 가 된다(Kohut, 1971). 그리고 이것은 '자기'를 구성하는 중요한 두 개의 축이 된다. 어떤 사람은 과대자기가 더 발달하기도 하고 어떤 사람은 이상화된 부모 이마고가 더 발달하기도 하는데 그것은 사람마다 다르다. 어쨌든 두 과정 모두 중요하고, 두 과정 모두 발달해야 한다고 코헛은 주장했다.

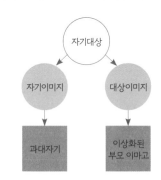

<그림4-1> 과대자기와 이상화된 부모 이마고

---

3   리비도란 생존욕구를 위해 사용하는 심리적 에너지를 말한다.

이상화된 부모 이마고

'이상화된 부모 이마고'에서 이마고 imago 란 어머니상이 아직 제대로 형성되지 않은 생애 최초 시기, 이미지가 뚜렷하지 않은 뿌연 부모 이미지를 말한다. 신이었던 어머니와 자신을 복원하려는 아기의 노력은 눈물겹다. 이상화된 부모 이마고를 만든 이유는 어머니가 전능한 신처럼 완벽하게 아기 자신을 보호해주길 바랐기 때문이다. 이상화된 부모 이마고에서 가장 핵심적인 요소는 진정과 위로다. 즉 달래주고 위로해주는 따뜻한 어머니 품에서 이상화된 부모가 만들어진다. 이제 내면에 이상화된 부모를 가져온 아이는 어려운 일에 부딪히고 힘에 겨워도 "괜찮아, 잘 될거야"라며, 부모가 해줬던 진정과 위로를 스스로 할 수 있다. 그리고 아기는 이제 부모를 환상이 아닌 현실에서 실제로 볼 수 있다.

이상화된 부모가 처음부터 부재했거나 아니면 충격적인 경험으로 외상을 입은 경우, 아기의 발달은 정지된다. 응집력을 잃은 자기가 산산조각이 나, 현실을 감당할 여력이 없다. 응집성 있는 '자기'가 있어야 인생의 어려움을 극복하면서 자기만의 삶을 살 수 있다. 이때 어머니의 찬탄과 공감은 '자기'를 단단하게 뭉치는 아교 역할을 한다. 공생기에 이 과정이 실패하면 아기의 '자기'는 깨지고 분열되어 늘 불안하다. 진정이 되지 않고 몸과 정신이 깨질 것 같아, 세상에 존재하는 것 자체가 어렵다. 그래서 이들은 건강염려증이 많다.

이상화 대상이 부족하면 어른이 되어서도 여전히 자기대상^{어머니}이 필요하다. 내면의 만성적인 허기를 채우기 위해 칭찬해 줄 어머니, 마음을 위로하고 달래줄 어머니를 끊임없이 찾아다닌다. 이들은 어른으로 자라지 못하고 평생을 자기대상이 필요한 아기에 머물러 있다. 상대방은 자기 욕구를 채워주는 수단일 뿐 진정한 관계를 맺기 어렵다.

자기애적 성격은 자신의 가치를 확인시켜 줄 자기대상이 너무 많이 필요하다. 자기 가치를 확인하는 데 에너지를 모두 써버린 나머지 정작 상대방에게 쓸 에너지가 없다. 상대방은 그저 자기대상 혹은 자기애적 연장선으로만 있을 뿐이다. 어떻게 관계를 맺어야 하는지 알 수 없다. (McWilliams, 1994). 사람에게 채워지지 않은 자기애 욕구는 이제 술이나 마약 혹은 성으로 채워야 한다. 이것이 중독이다. 이때 술이나 약물, 성은 사랑을 주고받는 대상의 대체물이 아니라, 진정과 위안을 얻는 대체물이라고 코헛은 보았다.

과대자기

이제 막 공생기를 지난 아기는 현실을 제대로 판단하거나 대처하기 어렵다. 그래서 아기는 세상을 좋음과 나쁨, 둘로 나누고, 좋은 경험은 죄다 자기 것으로, 나쁜 것은 모두 세상과 상대방 것으로 돌린다. 이렇게 하는 이유는 바로 일차적 자기애를 되찾기 위해서다. 기분 좋은 것, 완벽한 것, 좋은 것은 모두 '자기'라고 하면서, '과대자기'가 만들어진다. 아기는 자신이 대단하고 최고라고 생각한다. 맘껏 뽐내는 자신에게 세상은 아낌없는 찬사를 보낼 거라 기대한다. 이때 부모는 열렬한 환영과 찬탄으로 아기의 과시욕구를 채워줘야 한다.

그런데 부모의 양육에 문제가 생기면 자신의 단점이나 한계를 인정하고 받아들이는 것이 어려워지고 결국 자기애 성격이 만들어진다. 아이가 자신을 스스로 나쁘다고 책망하며 평가절하할 때, 부모는 위로와 공감을 해줘야 한다. 부모가 실의에 빠진 아이를 위로하고 아이의 긍정적인 점도 짚어주면, 아이는 점점 자신의 나쁜 점을 좋은 점에 통합시킬 수 있다. 만약 아이가 부모의 공감이나 위로를 내면화할 수 없다면, 무력감이나 수치심을 느끼지 않으려고 자신의 부족한 점이나 약점을 부인하면서 과대자기를 더 키울 수 있다.

만약 부모가 자신을 하찮고 시시하다고 스스로를 무시하면 아기에게 찬사를 보낼 수가 없다. 이런 부모 때문에 좌절된 과시욕구는 가장 근원적인 영혼의 상처인 수치심을 남긴다.

아기의 과대자기를 부모가 받아주지 않으면, 아이는 현실에서 과대자기를 다루지 못하고 환상 안에서 다루기 시작한다. 상상 속에서 한껏 부풀려진 거짓자기는 허풍이나 거짓말로 표현된다. 마치 영웅담처럼 자신을 과장해서 신나게 떠드는 아이는 생기가 돌고 눈이 반짝거린다. 이런 과장에는 부모에게 과대자기를 거절당한 수치심이 깔려있다. 아이의 거짓말을 나무라기 전에, 부모는 아이의 과대자기에 어떻게 반응했는지 점검할 필요가 있다. 부모가 아이의 과대자기를 수용해준다면, 아이의 거짓말은 점차 사라질 것이고, 거짓으로 꾸며졌던 아이의 상상력은 건강하게 자랄 것이다.

겸손이 미덕인 사회에서 과시욕구를 마음껏 드러내기란 어려운 일이다. 교묘하게 왜곡시킨 과시욕구는 대개 겸손으로 위장되는 경우가 많다. 제대로 빛을 보지 못해 꼬이고 뒤틀린 과시욕구는 교만이나 오만으로 표현된다. 교만한 과시욕구는 "나는 모든 것을 다 안다, 내가 옳다"라며 자신의 모자람이나 부족함을 인정하지 않는다. 이들은 타인이 자신을 평가하는 것 자체를 용납하기 어렵다. 그래서 겸손은 교만의 다른 표현이다.

코헛은 이상화 대상과 과대자기가 '자기'에 통합되면 본능과 충동 즉, 욕동을 조절하는 역할을 한다고 보았다. 이 과정에 문제가 생기면 욕동 조절에 어려움이 생겨 긴장이나 흥분, 공격성을 제대로 다룰 수가 없다. 그래서 배뇨장애나 수면장애와 같은 신체화 증상이 나타난다. 지나친 성적 자극 몰입 혹은 조루나 불감증 같은 성기능 장애를 겪을 수 있다. 또한, 짜증을 부리며 주위 사람을 달달 볶아대거나, 격노를 폭발하며 공격성을 드러낸다.

아이는 자라면서 서서히 자신의 과대자기에서 벗어나, 인간으로서 한계를 받아들여야 한다. 과대자기가 잘 발달하면 자기주장을 할 수 있는 힘이 되고, '나는 할 수 있다'라는 자기 믿음과 자신감이 된다.

자기애적 욕구와 자기대상
코헛은 응집성 있는 자기로 잘 발달하려면 자기애적 욕구를 들어주는 세 가지 자기대상[4]이 필요하다고 보았다. <표 4-1>처럼 자기애적 욕구와 자기대상이 만나면 비로소 자기가 된다. 먼저 과대자기와 이상화된 부모 이마고라는 자기애적 욕구를 들어줄 대상이 필요하다. 이 두 가지 욕구는 어린 시절 부모가 자기대상이 되어 채워주면 된다. 또 다른 대상은 비슷한 또래나 동료가 자기를 반영해 주는 쌍둥이 자기대상이다. 쌍둥이 자기애적 욕구는 위 두 가지와 달리 아기 시절 이후에 생기는 것으로 대상과의 경계가 있다. 쌍둥이 자기대상의 특징은 공통성과 연대감이다. 쌍둥이 자기대상은 생각과 가치관이 비슷하고, '우리가 남이냐'는 친밀함과 유대감이 돈독하다. 그래서 쌍둥이 자기대상을 만나면 서로 나눌 수 있고 놀 수 있어 기분이 좋아진다. 쌍둥이 자기대상은 '너와 나' 사이의 경계가 있는, 가장 성숙한 형태다.

마음을 터놓고 친하게 지내는 사람이 있다는 것은 매우 중요하다. 나 자신을 알고 싶으면 주변을 둘러보라. 나와 친하게 지내는 이들의 합이 바로 나 자신이다. 지금 '나'라는 사람의 거울이 되어 주고, 대상이 되어 주는 이들의 특성을 객관적으로 볼 수 있다면 '나'라는 사람을 이해하기 쉬울 것이다.

쌍둥이 자기애적 욕구와 대상이 잘 만나면 재능과 기술이라는 자기의

---

4 자기대상이란 자기를 대신하여 기능하는 공생관계의 어머니를 말한다. 거울 자기대상은 위대하고 온전한 전능한 자기를 알아주고 확인해 주는 자기대상이며, 이상화 자기대상은 아기가 부모에게 완벽한 대상이 되어달라는 욕구를 거부하거나 부담스러워하지 않고 받아주는 자기대상을 뜻한다.

일부분이 된다. 이 내용을 요약하면 다음 표와 같이 자기애적 욕구와 자기대상이 합쳐져 자기가 만들어진다.

자기애적 욕구	+	자기대상	=	자기
과대자기 자기애적 욕구		거울 자기대상		야망
쌍둥이 자기애적 욕구		쌍둥이 자기대상		재능/기술
이상화 부모 이마고 자기애적 욕구		이상화 자기대상		이상

<표4-1> 자기애적 욕구와 자기대상

자기대상이 아기의 과대자기 욕구와 이상화 욕구를 잘 들어주면, 아기는 부모의 심리적 기능을 자기 것이라고 착각한다. 내면화를 통해 아기는 부모의 심리적 기능을 자기 안으로 들여온다. 이런 과정을 거쳐 생후 2년 즈음 아기의 '자기'가 만들어진다. 부모가 아기의 욕구를 정확하게 읽지 못해 자기대상 역할을 하지 못하면, 아기는 자기 존재감에 의문을 가지면서 수치심을 느낀다(가요한, 문은정, 2022). 어머니가 아기의 욕구를 읽어주지 못하면, 아이도 자신이 무엇을 하고 싶은지, 무엇을 원하는지 알기 어렵다.

6. 세 번째 외디푸스 단계: 이상과 야망으로

공생기부터 외디푸스기까지 아기에게는 드라마틱한 발달이 일어난다. 부모의 '처벌과 훈육'이라는 요소에 더 좋은 것, 더 완벽한 것을 추구하는 '이상'이라는 요소가 합쳐지면 드디어 초자아가 완성된다. 공생기의 어머니로 시작하여 외디푸스기의 아버지까지, 아이는 부모의 여러 가지 특성을 수없이 경험하면서 초등학교 들어갈 즈음 어설프나마 아이의 인격이 만들어진다.

6세 즈음 외디푸스기에서 잠재기 초기는 '자기' 형성에 중요한 시점이다. 코헛은 발달이 순조롭게 이루어져 왔다면, 이상화된 부모 이마고는 **'이상'**으로 발전하고 '과대자기'는 **'야망**^{ambition} **'**으로 발전하면서 '자기'를 이루는 두 축이 만들어진다고 했다. 이 두 개의 축이 세워지면 항구적인 심리구조인 '자기'가 된다. 이 두 축의 내용에 따라 개인의 성격이 결정된다고 코헛은 보았다.

이상은 가치로운 자신을 뜻하고 야망은 뭔가를 할 수 있는 자신감, 야심, 자기주장을 의미한다. 보다 높은 가치를 추구하는 '이상'은 삶을 앞으로 이끄는 힘이 되고, 할 수 있다는 자신감과 야망은 뒤에서 밀어주는 힘이 된다. 인간의 성격은 이 두 축이 어떻게 구성되는가에 달려 있다.

<그림4-2> 야망, 재능과 기술, 이상

만약 둘 중 하나라도 문제가 생기면 삶을 꾸려나가는 데 어려움이 따

른다. 이상만 있고 야망이 약하면, 브레이크가 파열된 자동차처럼 목표를 향해 끝없이 달리기만 한다. 그래서 삶이 고달프고 지친다. 쌍둥이 자기애적 욕구와 쌍둥이 자기대상이 잘 발달하면, 이상과 야망을 현실에서 실현할 수 있고 그것이 가능하게 만드는 재능과 기술이 된다.

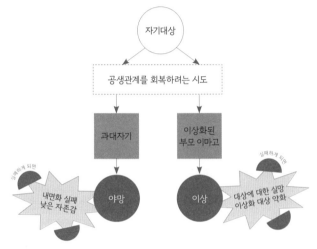

<그림4-3> 자기 구조

코헛은 맏이가 동생보다 윤리적으로 우월하다는 특권의식이 있다는 것을 발견했다. 외디푸스기 즈음 남동생을 본 맏딸은 자기애적 상처를 입는다. 아들이라고 특별대우를 받는 남동생을 보면서, 맏이는 동생이 부럽기도 하고 밉기도 하다. 맏이는 동생을 돌보면서 동생이 잘못하면 야단도 치고 가르친다. 또 열심히 공부해서 좋은 성적으로 부모에게 인정받고, 맏이로 모범을 보이려 한다. 남동생에 대한 분노를 사회적으로 인정받는 것으로 변형시킨 맏이는 도덕적 우월감을 느낀다. 이런 맏딸들은 나중에 커서 사회에 이바지하려는 야망이 큰 여성이 된다(Kohut, 1971).

자기를 이루는 두 축이 제대로 발달하지 못하면 어떤 일이 생기는가. '자기'로 통합되지 못하고 성격에서 떨어져 나간 부분은 원시적이고 유아적인 형태로 남게 된다. 결국 초자아에 문제가 발생한다.

초자아에는 두 가지 요소, 즉 1) 양심과 도덕을 담당하는 부분 2) 이상을 추구하는 부분이 있다. 만일 이상과 야망이 제대로 세워지지 못하면, 초자아에는 야단치고 처벌하는 기능만 남게 된다. 엄격한 초자아가 가혹하게 비난하면 아이는 무기력해지면서 자존감이 낮아진다. 그러면 삶이 생기를 잃고 시들시들해지면서 사는 재미를 잃는다.

자기애 성격 형성에 치명적인 영향을 주는 요인은 이혼이나 부모의 죽음 같은 충격적인 사건보다 어머니의 성격과 정신질환이다. 공생기 동안 심각한 산후우울증에 빠진 어머니는 아기에게 찬탄과 반영을 해줄 수가 없다. 엘리스 밀러 Alice Miller (1975)는 자기애적 문제가 자녀에게 전수되는 과정을 다음과 같이 설명했다: 자기애적 어머니는 자녀 가운데 특히 직관력이라는 재능을 가진 아이를 골라 희생양으로 삼는다. 자기애적 상처가 있는 어머니는 자신의 수치심과 자기 경멸을 어머니의 눈을 통해 아기에게 전달한다. 아기가 자신을 확인하려고 어머니의 눈을 바라보는 순간, 어머니의 자기 경멸이 순식간에 아이에게 전달된다. 그러면서 아기는 어머니의 자기애적 상처를 그대로 물려받는다. 이것은 어머니의 의도와 상관없는 무의식적인 과정이다(Miller, 1975). 결국 아기는 어머니의 자기 대상이 되어, 어머니를 돌보는 어머니 노릇을 한다.

이전에 박탈되었던 것을 회복하고 보상받으려는 아기의 시도는 계속되는데, 외디푸스기가 바로 그런 시도가 강하게 일어나는 때다. 어머니와 떨어지는 것이 어려워 아이는 등교거부증 같은 분리불안을 보이거나, 심하게 떼를 쓰며 폭발하기도 한다. 이런 아이의 행동은 어머니와의 관계가 그동안 순조롭지 못했다는 방증이다.

지금까지 어머니에게 실망했던 것이 누적되면서 아이는 더 이상 어머니를 이상화하지 않고, 대신 아버지를 이상화하기 시작한다. 아버지를 좋은 대상, 완벽한 존재로 이상화하면서, 아이는 아버지의 명령과 금지, 칭찬과 꾸지람을 내면화한다. 이때 초자아가 단단하게 잘 만들어지면, 대상의 상실이 아무리 크더라도 인격이 붕괴되거나 와해되는 일은 없을 거라고 코헛은 주장했다.

'자기'가 만들어지는 결정적인 시기는 공생기와 외디푸스기, 두 번이다. 첫 번째 공생기는 어머니가, 두 번째 외디푸스기는 아버지가 중요한 역할을 한다. 어머니에 대한 실망이 지속적이고 만성적이어서 어머니를 이상화할 수 없으면, 자기대상^{일차적 자기구조} 구축은 실패한다. 그러면 외디푸스기 아버지의 이상화, 단 한 번의 기회만 남는다. 이때 아버지가 이상화 대상 역할을 성공적으로 해낸다면, 아이는 보상적 자기구조를 만들 수 있다. 보상적 자기구조란 일차적 자기구조를 대신하는 자기구조라는 의미다. 그러나 아버지에 관한 이상화마저 실패한다면, 아이는 결국 영구적인 외상을 입는다. 이상화 대상의 부재가 지속해서 이어져 어머니에 이어 아버지까지 기회를 놓치면, 아이의 정신구조는 심각한 훼손을 입는다.

아버지에 관한 이상화는 어머니 이상화에 비교할 수가 없다고 코헛은 주장했다. 아무리 아버지 이상화가 잘 형성되더라도 어머니의 이상화가 실패한다면 소용이 없다. 반대로 어머니와의 관계가 성공적이라면, 비록 아버지와의 관계에 문제가 생기더라도 외상으로 이어지지는 않는다. 아버지는 그저 어머니의 이상화를 보완해줄 뿐이다.

아이가 아버지를 이상화할 때 어머니의 역할이 중요하다. 아버지의 권위를 세워주고 존경을 표하면서, 아이가 충분히 아버지를 이상화할 수 있도록 도와야 한다. 아버지를 깎아내리는 정보를 굳이 아이에게 제공할 필요는 없다. 아버지를 힐난하는 어머니의 자녀는 자신이 아버지보다 우월하다고 착각한다. 자녀 앞에서 아버지를 헐뜯고 비방하는 어머니는 자녀의 초자아를 견고하게 만드는 것이 아니라 오히려 자녀의 과대자기를 부추긴다.

아버지가 어머니의 증오와 적개심 표적이 되는 경우가 있다. 어머니는 아버지만 죽어라 미워한다. '어머니는 좋은 사람, 아버지는 나쁜 사람'이라는 대조는 어머니의 미성숙함이 막강하게 힘을 발휘한 결과다. 자녀는 어머니와 융합된 나머지 어머니에 관한 적개심을 다루지 못하고, 만만한 아버지에게 적개심을 투사했다. 아버지를 향한 적개심 뒤에 어머니를 향한 적개심이 숨어있는 꼴이다.

7. 발달단계에 따른 자기애 결함

발달단계에서 어떤 시기에 외상을 입었느냐에 따라 발생하는 자기애

상처의 양상은 달라진다. 시기에 따른 결함과 어려움을 살펴보면 다음과
같다.

첫 번째 단계: 공생기

공생관계에서 어머니는 자신과 아기의 융합 덕분에 아기에게 자기대상
이 된다. 자기대상은 아기 인격의 기초공사로 무척 중요하다. 자기대상은
죽을 때까지 필요하다 _{상담에서도 상담자는 내담자에게 자기대상이 되는 것으로 시작해야 한다} .
공생관계를 맺지 못하고 자기대상을 상실한 경우, '자기'가 산산이 조각
나고 와해되어 '자신'이 존재할 힘, 세상을 살아갈 힘이 없다.

이들은 스스로 위로하는 능력이 없어, 자신을 들들 볶는다. 진정과 위
안을 받기 위해 그 무언가에 의존하고 싶다. 또 심각한 지루함과 무기력
에서 벗어나 삶의 생생함을 느끼고 싶다. 그래서 의존할 그 무언가를 찾
는데 그것이 마약이고 담배고 술이다.

자기대상을 자기 마음대로 할 수 없을 때 아기는 격노하며 폭발한다.
젖 먹는 시간을 맞춰놓고 젖을 주는 어머니가 있다. 이 어머니는 아기의
배고픔보다 자신이 정해놓은 시간표대로 하는 것이 더 중요하다. 아기가
아무리 울어도 젖을 주지 않는다. 결국, 아기는 격노한다.

응집성이 약한 자기가 와해될 때 격노가 일어난다. 걸핏하면 짜증을
부리고 격노하는 사람은 자기애 장애가 있다는 뜻이다. 이것은 상대방의
잘못과 아무런 상관이 없다. 그저 자아가 깨졌기 때문에 일어나는 것이

다. 통제되지 못한 공격성으로 인해 갈등이 많아지고 관계가 어려워진다.

두 번째 단계: 과대자기와 이상화 대상으로

공생기가 끝난 2~4세 시기. 이 시기에 자기대상^{일차적인 자기애}은 이제 이상화된 대상과 전능감을 가진 과대자기로 나뉘어 발달한다. 이것이 자기 안에 통합되면서 욕동^{공격성과 성욕}을 조절하는 힘이 된다. 과대자기의 측면에서 보면, 더 나은 자신이 되기 위해서는 욕동을 참고 견디면서 조절할 필요가 있다. 이상화 대상 측면에서 보면, 부모의 진정시키고 달래주는 기능이 아이 것이 되면 욕동조절이 가능하다. 코헛은 이것을 욕동을 중화시키는 능력이라고 불렀다. 충동을 통제하고 조절하는 능력에 문제가 생기면, 성과 관련된 문제로 이어진다.

그래서 성도착증이나 동성애 같은 환상에 빠지기 쉽다. 강인한 아버지를 지나치게 이상화했거나 혹은 어머니에 대한 엄청난 실망으로 인해 여성에게 거부감이나 공포를 느끼는 남성의 경우 동성애 환상을 가질 수 있다. 환상을 행동으로 옮기면 성과 관련된 일탈이나 범죄가 된다.

어린 아들이 자위에 빠져있을 때, 어머니가 자위 행위 자체에 초점을 맞추고 자위를 금지하는 것은 바람직하지 않다. 그것보다 어머니가 자기대상으로 기능하는지 점검하는 것이 우선이다. 어머니가 자기대상이 되지 못하는 경우, 아이는 삶이 재미없고 무력해진다. 무료함을 벗어나기 위해 자신을 자극하는 것이 바로 자위다. 자기 몸을 자극하면서 자기 스스로 자기애 욕구를 충족시키는 것이다.

부모에 대해 이상화가 실패하면 아기는 실망하고 낙담한다. 그 결과 과대자기에 집착하면서 오만함에 빠지게 된다. '다 필요 없다, 내가 다 할 수 있다'라는 오만한 과대자기는 오만함을 부르고, 부모를 무시하며 경멸한다. '나는 대단하고 위대하다'라는 과대자기와 달리, 오만함은 부모 이상화가 실패해서 생긴 상처라 방어적이고 자동반응적이다.

세 번째 단계: 외디푸스기

어머니에게 향했던 이상화가 아버지를 향해가는 단계, 외디푸스기에 문제가 발생하면 불안정한 초자아가 만들어진다. 초자아의 힘이 약한 나머지 자기 자신에게 가치를 부여하기 어렵다. 그래서 외부의 대상에게 의존하면서 자기 가치를 확인하려 하고, 다른 사람 눈치를 보고 인정받는 데 에너지를 소모한다. 자신만으로는 충분하지 않은 이들은 스스로 만족하거나 칭찬하는 것이 어렵다. 그 어디서도 구할 수 없는 완벽한 인정을 원한다. 만약 세상의 인정을 받지 못한다면 삶이 끝날 것 같은 기분이 든다. 그래서 힘을 가진 인물과 싸우고 대립하기 쉽다.

우리 마음에는 배터리가 필요하다. 이 배터리는 부모의 공감과 반영으로 충전시킬 수 있다. 만약 충전이 안 되었다면 궁여지책으로 다른 사람의 인정으로라도 배터리를 채워야 한다. 그래서 인정받기 위해 과도하게 일하고 과도하게 성취하려 한다. 에너지를 지나치게 사용한 나머지 번 아웃이 오기 쉽다. 과로로 지쳤거나, 업무 능력이 현저히 떨어졌다는 것은 자기의 파편화가 일어났다는 경고를 의미한다. 일에서도 튼실한 '자기'가 주인이 되어 이끌어야 한다. 그렇지 않으면 만성적인 업무 장애가 발생한다고 코헛은 보았다.

　인생 초기에 일어난 결핍일수록, 그리고 만성적인 박탈일수록 문제는 심각하다. 어머니 이상화에 이어 아버지 이상화마저 실패하면 영구적인 외상을 입게 된다. 만성적인 자기애적 취약성 상태가 바로 우울증이라고 코헛은 보았다. 우울증은 이상과 야망라는 두 개의 축에 문제가 생겼을 때 발생한다. '자기'도 이상화하지 못하고, 대상도 이상화하지 못하면 에너지가 바닥나 의욕을 잃고 무기력해진다.

　더 이상 사람에게 희망을 걸 수 없으면, 이제 돈이나 물건, 이데올로기, 사회의 어떤 체계를 목숨처럼 여기며 돌보고 아낀다. 왜냐면 사람과 달리 이런 것은 자신이 온전히 통제할 수 있다고 착각하기 때문이다. 그러나 그것 역시 모두 자기애적 연장선으로, 성숙한 자기애와는 거리가 멀다.

7

각자 따로 따로: 페어벤의 조현성 성격

1. 가까이하기엔 너무 먼 당신

서로 말을 하지 않는 부부가 있다. 될 수 있으면 서로 관여하지 않고 사는 게 편하다. 물론 부부는 각방을 쓴다. 하루 한 끼 함께 하는 식사가 그들이 부부임을 확인시켜 준다. 서로 알아야 할 정보나 의논 거리는 각자 방에서 문자로 전한다. 그들의 바람 중의 하나는 출입구가 따로 있는 집에 사는 것이다. 그래서 서로가 드나드는 것조차 몰랐으면 좋겠다.

이 부부에게는 성생활이 거의 없다. 사이가 나빠서가 아니라 성에 대한 욕구가 없어서다. 가벼운 키스나 포옹 정도면 족하다. 각자의 방은 좋게 말하면 성城이고, 나쁘게 말하면 감방이다.

왜 그러는 걸까? 이 부부는 조현성 성격으로 추측된다. 조현성 성격의 특징을 열거해 보면 다음과 같다. 이들은 친밀한 관계를 만드는 것에 관심이 없다. 그래서 가족 말고는 친구가 없다. 혼자서 하는 활동이 편하다. 감정표현이 어렵고 냉담하고 무관심하다. 다른 사람에게 관심이 없어 그들의 칭찬이나 비판에 개의치 않는다. 따돌림을 당하는 것이 아니라 스스로 남들을 소외시키는 것 같다. 이들은 침범 불안이 높아서 각자 따로 있는 것이 편하고 안정적이다. 자기 세계에 빠져있고 자기도취적으로 산다. 조현성 성격장애를 잘 설명한 학자가 윌리엄 로널드 페어벤이다.

프로이트 이후 정신분석으로 설명되지 않은 성격장애나 정신질환이 많았다. 치료를 위해서는 수정되고 확장된 이론이 필요했다(그래서 정신분석은 학자마다, 정신질환마다 용어나 개념이 조금씩 다르다). 그 중 페어벤은 개성 있는 독특한 이론으로 조현성 성격장애를 설명하였다.

2. 로널드 페어벤과 관계에 대한 욕구

로널드 페어벤 Ronald Fairbairn (1889~1964)은 스코틀랜드 에든버러의 칼뱅주의 기독교 가정에서 태어난 정신분석가다. 런던이 아닌 스코틀랜드 지역, 학회의 정통 계보에서 분석을 받지 않은 점, 내향적인 성격으로 인해 학회 활동을 거의 하지 않은 점, 적극적으로 자신의 이론을 펼치지 않은 점, 이런 이유로 페어벤은 학회의 비주류였다. 하지만 그 덕분에 조현성 성격에 관한 독특하고 뛰어난 그만의 이론을 세울 수 있었다.

인간의 기본욕구와 불안

페어벤은 프로이트처럼 리비도라는 용어를 사용했지만, 의미는 사뭇 달랐다. 철학과 신학을 전공한 페어벤은 쾌락추구가 인간에게 가장 중요한 요인이라고 생각하지 않았다. 그보다 좋은 관계를 맺는 것 즉 대상관계가 더 중요하다고 보았다. 페어벤이 볼 때 인간의 진정한 리비도는 관계를 맺고자 하는 욕구인(Greenberg & Mitchell, 1983) '관계적 리비도'이며, 좋은 관계 맺기가 뜻대로 안 될 때 그것을 대체하려는 것이 쾌락추구다. 페어벤은 한 사람의 인격 즉 자아는 자기이미지, 대상이미지 그리고 둘을 연결하는 감정으로 이루어진다고 보았다(Greenberg & Mitchell, 1983). 이런 점 때문에 어떤 사람들은 대상관계 학파의 진정한 시초를 페어벤이라고 말한다.

기본욕구를 다르게 설정하면 그에 따라 불안의 개념도 달라진다. 페어벤에게 불안이란 의존해야 하는 대상을 잃어버릴지도 모른다는 두려움 즉 유기불안과 분리불안이다. 공격성 역시 리비도(관계 욕구)가 뜻대로 안 되거나 좌절되었을 때 일어나는 반응이다.

3. 자아와 대상

페어벤은 아기를 태어날 때 이미 통합된 존재, 전체성을 이룬 존재라고 보았다. 공생관계에서 어머니와 아기는 온전하고 만족스러운 관계를 맺는다. 자아도 대상도 완벽한 상태다.

<그림4-4> 초기의 자아와 대상관계

　하지만 세상을 살아가기에 아기의 운명은 녹록지 않다. 어머니에게 전적으로 의존해야 하는 아기지만, 완벽하게 의존할 수 있는 어머니는 이 세상 그 어디에도 없기 때문이다. 어머니가 온전히 아기에게만 집중할 수 없어서 아기가 감당할 수 없는 상황에 부닥치면, 아기는 엄청난 박탈감과 분리불안을 느낀다. 처음에 하나로 통합되어 있던 자아는 출생 후 감당할 수 없는 스트레스로 인해 좋은 것과 나쁜 것으로 쪼개져 분열 상태split position가 된다. 이 분열 상태가 인간의 성격이 발달하는 시작점이 된다.

　좋음과 나쁨으로 분열되는 이유는 아기에게 너무나 중요한 어머니와의 관계가 늘 만족스럽지 않기 때문이다. 아기는 어떻게 하든 어머니와 좋은 관계를 유지해야 하고 어머니에게 버림받지 않아야 한다. 외상을 입는 상황이 발생했을 때 아기는 외상으로부터 자신을 보호할 방법을 찾아야 한다. 그래서 아기는 어머니의 좋음만을 의식에 두고, 좋은 관계를 방해하는 어머니의 나쁨을 자기 것으로 내면화한다. 예를 들면, 학대당한 아이는 부모는 아무 잘못이 없다며 부모 편을 든다. 부모가 나빠서 아이를 때린 것이 아니라 자신이 나쁜 아이라 맞았다는 것이다. 나쁨이 사라진 대상은 그저 좋은 대상이 되었고, 어머니의 나쁨을 내면화한 아이는 어머니 대신 나쁜 아이가 된다.

어머니와 관계가 만족스러우면 자아는 분열되지 않고 비교적 온전히 통합된 자아로 존재할 수 있다. 하지만 괴롭고 힘든 경험을 하면 자아는 분열이 일어나 좋음과 나쁨으로 나뉜다. 나쁨을 바깥에 두지 않고 자기 것이라고 내면화하는 이유는 나쁨을 바깥에 두면 더 위험하다고 아기가 여기기 때문이다. 바깥에 있는 어머니의 나쁨을 자신에게 받아들이면서 아기의 자아와 대상에는 세 부분으로 균열이 일어난다.

아기가 자기 자신이라고 받아들일 수 있는 '좋은 자기'는 아기의 중심 자아가 되고, 나쁜 자아는 다시 둘로 분열되는데 리비도 자아와 반리비도 자아다. 어린 시절 어머니와의 좋은 경험은 아기의 중심자아를 튼튼하게 만든다. 든든한 중심자아 덕분에 관계를 잘 맺을 수 있고, 만만치 않은 현실을 감당하며 살아갈 수 있다. 반면 어머니와의 관계에서 좌절이 많을수록 중심자아의 힘은 약해지고, 무의식에 있는 나쁜 자아는 강해진다.

자아가 세 부분으로 분열되면 대상 역시 세 부분으로 분열된다. 만족스러운 gratifying 어머니와 불만스러운 depriving 어머니, 그리고 욕구를 채워줄 것 같은 희망이나 기대를 주지만 결국은 거절하는 '흥분시키는 exiting 어머니'다. 세 번째 흥분시키는 어머니는 페어벤만의 독특한 개념인데, 페어벤은 흥분시키는 어머니가 심각한 분열을 일으키는 가장 나쁜 어머니라고 했다. 만족스러운 어머니는 이상적인 대상, 불만족스러운 어머니는 거절하는 대상^{관계를 파괴하는 대상}, 행복하게 해줄 거라는 기대만 잔뜩 주고 안 해주는 어머니를 흥분시키는 대상이라고 불렀다.

4. 대상관계

완벽한 인간이 없듯 완벽한 어머니도 없다. 어머니의 의도와 상관없이 아기의 욕구는 좌절할 수밖에 없다. 문제는 아기가 너무 무력한 존재라는 것이다. 이때의 박탈과 좌절은 아기에게 생사가 달린 엄청난 일이다. 아기는 자신이 처한 고통과 당황스러움을 어떤 식으로든 해결해야 한다. 페어벤은 아기가 자신의 좌절 경험을 어떻게 받아들이는지 세심하게 관찰하면서 아기를 이해했다. 페어벤이 볼 때 아기는 좌절을 다음과 같이 보는 것 같았다; '어머니가 나를 사랑하지 않는다', '나의 사랑을 어머니가 거부한다'.

아기가 어머니의 나쁨에 화를 내고 공격하는 것은 매우 위험한 일이다. 아기 마음대로 감정을 표현한다면 상황은 더 곤란해지고 더 큰 좌절을 겪을지도 모른다. 게다가 아기는 아직 자아가 취약해 좋음과 나쁨을 동시에 다룰 수도 없다. 아기는 생존을 위해 어머니가 꼭 필요하다. 어머니에게 얻어내야 할 것이 많고, 어머니와 좋은 관계로 지내고 싶은 욕구가 너무 간절하기 때문이다. 그래서 나쁨이 어머니와의 좋은 관계를 방해하는 것을 그저 보고 있을 수만은 없다. 나쁨을 통제하기 위해 아기는 어머니의 나쁨을 바깥에 두지 않고 아기의 내면으로 가져온다.

모든 방법을 총동원한 아기는 억압이라는 방어기제를 사용하여 어머니의 나쁨을 무의식으로 보내고, 착하고 좋은 어머니만 의식에 둔다. 아이들은 어머니가 자신에게 무척 잘해주는 '천사 같은 어머니'라고 말한다. 아기에게 좋은 어머니란 사실 환상일 뿐이다. 이렇게 하면 속이야 어찌 되었든 적어도 겉으로는 어머니를 좋은 사람으로 대할 수 있다. 하지만 그것은 진정한 평화가 아니다.

어머니가 어떻게 하느냐에 따라 아기의 자아가 결정된다. 어머니의 인격 따로, 아기의 인격 따로가 아니라 아기[자아] 와 어머니[대상] 는 일대일 짝을 이루어 한 쌍이 되기 때문이다.

중심자아[central ego] / 이상적인 대상
리비도 자아[libidinal ego] / 흥분시키는 대상
반리비도 자아[anti-libidinal ego] / 거절하는 대상

중심자아와 이상적 대상은 편안하고 따뜻하면서 통제가능한 모습을 띤다. 진정 바라고 원하는 자신이고, 상대의 모습이다. 아기는 중심자아가 곧 '자기'라고 착각할 수도 있다. 또한, 좋은 어머니[이상적 대상] 덕분에 아기는 힘들고 나쁜 세상을 살아갈 수 있다고 여긴다. 그래서 아기는 이상적 대상이 요구하고 바라는 대로 맞추려 애를 쓴다. 그렇게 하면 좋은 대상과 사이좋게 지낼 수 있을 거로 생각하기 때문이다(Greenberg & Mitchell, 1983). 중심자아와 이상적 대상에는 갈등이나 다툼이 적다.

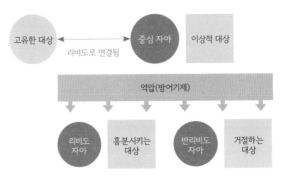

<그림4-5> 분열된 자아와 대상

5. 리비도 자아/흥분시키는 대상

아기가 감당할 수 없는 부분은 무의식으로 보내져 다시 둘로 분열된다. 그중 하나가 리비도 자아와 흥분시키는 대상이다. 사랑을 기대하고 안달하게 만들지만 결코 사랑을 주지 않은 흥분시키는 대상과 기필코 사랑을 얻어내겠다고 매달리는 리비도 자아는 환상적인 짝꿍이다. 흥분시키는 대상은 사랑을 줄 듯하지만 끝내 사랑을 주지 않는 감질나는 대상이다. 리비도 자아는 사랑하는 연인이 자신을 버리고 떠나간 것을 알면서도, 돌아올 거라 믿고 하염없이 기다리게 만든다. 리비도 자아는 허무한 희망에 목을 매게 만들어 사람을 괴롭힌다.

예 ─────

어머니는 자신에게는 야박하고 인색하지만, 동생에게는 관대하고 너그럽다. 조금만 더 노력하고 잘하면, 동생이 받는 어머니의 사랑을 자신도 받을 수 있을 것 같다. 하지만 아무리 애를 써도 어머니의 사랑은 자신에게 허락되지 않는다. 동생을 부러워하는 자신은 어머니의 자식인지 의심이 들고, 자신이 초라하기 짝이 없다.

리비도 자아가 득세하면 사랑하는 방식도 독특해진다. 이들은 자신을 밀어내고 사무치게 만드는 사람에게 끌리는 경향이 있다. 사랑하기 어려운 사람, 다가가기 힘든 사람만 유독 눈에 들어온다. 그리곤 '가질 수 없는 당신'에게 목을 매면서 괴로워한다. 그러다 그 사람이 마음을 열고 다가오면, 마음이 차갑게 식으면서 사랑하는 마음이 싹 가신다. 가질 수 없는 것을 보면 흥분하지만, 막상 가지게 되면 지루하고 싫증 난다. 그래서

이들은 사랑하는 것이 힘들다. 페어벤은 리비도 자아/흥분시키는 대상
이 바로 가혹한 고통과 좌절의 근원지라고 했다.

6. 반리비도 자아/거절하는 대상

리비도 자아/흥분시키는 대상을 보면 의존 욕구가 얼마나 대단한지 알
수 있다. 페어벤은 리비도 자아가 프로이트의 이드 id 에 해당한다고 했다.
리비도 자아의 바람이 무산되고 결국 사랑을 거절당하면, 분노가 일고
모든 것을 부숴버리고 싶다. 리비도 자아의 지나친 의존을 경멸하면서 분
노하는 것이 바로 반리비도 자아다. 자신을 거부하고 비난하며 좌절시키
는 어머니, 그래서 화가 나는 어머니는 거절하는 대상이 된다.

사랑을 간절히 기대하거나 좋은 관계를 소원하는 것은 인간의 당연한
욕구다. 그런 욕구가 있다는 것을 부정하거나, 인정욕구를 얻지 못하는 정
반대의 행동 욕하기, 미워하기 등은 무척 곤란하다. 부모나 스승, 직장 상사같은
중요한 대상을 신랄하게 욕하고 미워하는 이들을 종종 본다. 그들은 중요
한 사람에게 인정받고 사랑받고 싶은 강렬한 욕구가 있다는 것조차 인식
하지 못한다. 이렇게 원망하며 대립할수록 자신이 진정 바라던 것과 점점
더 멀어지고 반목이 깊어지는데, 이것이 반리비도 자아가 하는 일이다.

반리비도 자아는 아직도 흥분시키는 대상을 포기 못 하는 자신을 야
단치며 "나는 그 사람을 좋아하는 것이 아니야. 처음부터 그럴 마음이
없었어"라고 속에 없는 말을 한다. 불행한 관계는 부모의 사랑을 너무 받
고 싶은 자녀와 사랑을 줄 능력이 없는 부모가 반리비도 자아/거절하는

대상이라는 한 쌍을 이루면서 시작된다. 페어벤은 최초의 욕구를 포기하기 어려운 만큼, 최초의 증오도 포기하기 어렵다고 했다.

대상	의식/무의식 차원	자아	기능
이상적 대상	의식	중심자아	이상적인 대상과 관계, 나쁜 대상을 억압
거부하는 대상	무의식	반리비도 자아	내부의 파괴자, 중심자아의 좋은 관계를 방해
흥분시키는 대상		리비도 자아	프로이트의 id에 해당, 불만족스러운 상황을 인내하고 지연시킴

<표4-2> 대상과 자아의 특징

온전하고 너그러운 자아, 좋은 어머니 그리고 만족스러운 관계는 어디까지나 이론에서만 가능하다. 하지만 중심자아가 그야말로 중심을 '딱' 잡고 무의식의 리비도 자아와 반리비도 자아를 조절해야 한다. 중심자아의 성패가 정신건강을 가늠하기 때문이다.

중심자아는 무의식의 리비도 자아/흥분시키는 대상이나 반리비도 자아/거절하는 대상에 위협받지 않고 안전하길 원한다. 그래서 중심자아는 리비도 자아/흥분시키는 대상과 반리비도 자아/거부하는 대상을 정확하게 인식하지 못하도록 억압한다. 때론 반리비도 자아를 진정시키며 다독이기도 하고, 때론 대상을 불쌍하게 보게끔 위장하기도 한다.

나쁜 감정을 자신 내면으로 가져오는 바람에, 우리는 필요한 사람을 좋게 볼 수 있고 잘 지낼 수 있다. 내면의 갈등과 불안 덕분에 우리는 바깥세상에서 평화와 안정감을 얻은 것이다(Gomez, 2002). 어머니와의 관계는 중요한 관계이지만 늘 만족스럽지 않다. 인간은 모두 좋은 관계를 방해하는 불만스러운 경험을 현실로 다루지 않고, 내면에서 이런 식으로 다룬다고 페어벤은 주장했다.

7. 사랑하는 방식과 좌절

리비도 자아와 반리비도 자아가 힘이 너무 강하면, 가까워지고 싶은 갈망과 가까워지면 휘말리고 삼켜질 것 같은 두려움 때문에 이러지도 저러지도 못한다. 이런 양가감정은 불안을 만들고 관계를 어렵게 만든다. 리비도 자아와 반리비도 자아가 중심자아보다 힘이 너무 강한 나머지, 자아를 압도했기 때문이다. 이들은 멀어지면 외로워서 힘들고, 가까이 가면 흡수되고 압도될 것 같아 불안하다.

관계의 실패는 고립을 초래한다. 그렇다 해도 관계 욕구를 아예 포기한 것은 아니다. 보상의 방편으로 이들은 내면에 '흥분시키는 대상'을 만드는데, 대개 연예인처럼 인기 많은 사람을 고른다. 그 대상에게 흥분시키는 어머니를 투사하고는 자신의 욕구가 채워질 거라 기대한다. 이들의 사랑은 상상 속에서, 혼자 흥분하고 혼자 좋아하는, 독점적이면서 일방적인 관계다. 현실에 실패한 사람들은 공상과 상상을 통해 현실에서 채우지 못한 욕구를 채운다.

막상 현실에서 누군가 다가와 친밀한 관계를 맺자고 하면 불안해진다. 친밀한 관계를 간절히 원하지만, 이들은 친밀한 관계를 감당하거나 유지하는 능력이 부족한 나머지 결국 불행한 결말을 맞는다. 그 이유는 중심자아가 취약해 행복을 누리지 못하는 데다가, 반리비도 자아마저 중심자아가 행복한 꼴을 못 보기 때문이다. 그래서 이들은 혼자서 상상으로 사랑할 때가 훨씬 편하다.

간절하게 원하던 사람이 막상 친밀한 관계가 되자고 다가오면, 대상은 갑자기 '흥분시키는 대상'에서 '거부하는 대상'으로 바뀐다. 그래서 상대를 밀쳐내고 모욕을 주면서 관계를 깨뜨린다. 이들은 손에 닿을 수 없는 대상만 갈망한다. 손에 넣을 수 있는 대상은 매력도 없고 관심도 없다.

중심자아가 힘을 못쓰는 경우, 나이가 들면서 유기 불안이 줄어들면, 반리비도 자아가 인격을 대표하기 시작한다. 이들의 모습은 겉으로는 매우 적대적이고 공격적이지만, 사실 내면에는 무능감과 두려움이 가득하다. 이들에게 바깥세상은 너무나 위험하다. 이들은 철벽같이 자신을 보호할 수 있는 곳이 필요하다. 그래서 이들은 튼튼하고 안전한 성을 쌓고 그 안으로 들어가 살기로 작정을 한다. 철회라는 방어기제를 사용하여 상상 속으로 숨어버리고 은둔한다(McWilliams, 1994).

결국 반리비도 자아/거절하는 대상 그리고 리비도 자아/흥분시키는 대상이 많은 부분을 차지해 버리면, 중심자아/이상적 대상은 상대적으로 작아진다. 중심자아가 든든하지 못하면 초라해지고 내면이 공허해진다. 게

다가 삶의 핵심 주제인 관계 실패가 반복되면서, 내면의 초라함과 공허감은 더 커지는 악순환이 이어진다(Gomez, 2002). 그러다 리비도 자아와 반리비도 자아가 중심자아보다 너무 힘이 강하면 인격의 붕괴가 일어난다.

8

행복한 결혼 관계를 위해 갖춰야 할 조건

1. 불행하게 만드는 배우자

배우자 선택에서 건강한 배우자를 고르는 기준은 무엇인가? 사울 (1979)은 고려해야 할 세 가지를 제안했다.

첫째, 무조건 요구를 하는 사람은 곤란하다(Saul, 1979). 스스로 무언 가를 하지 못하고 상대에게 전적으로 의존하는 사람은 적개심도 깊다. 무조건 요구하는 이유는 적개심이 억압되어 무기력해졌기 때문이다.

모든 것을 아내와 자녀에게 명령하면서 지시하는 남편이 있다. 물 한 잔도 스스로 해결하지 못하고, 가져다 달라고 한다. 겉으로 보면 권위적 이고 막강한 힘으로 군림하는 것 같지만, 실상 속을 보면 무기력하고 나

약하기 짝이 없다. 의존적인 아이가 내면에 있는 열등감 덩어리다. "너는 손이 없냐, 발이 없냐, 네가 떠먹어."라는 한 마디는 남편의 열등감을 자극하기 충분하다. 버럭 화를 내고 행패를 부린다면 그것은 열등감의 표현이다.

둘째, 폭력을 피해야 한다. 열등감은 분노와 적개심을 증폭시키고, 이것은 폭력으로 이어진다. 열등감의 표현이 바로 폭력이다(Saul, 1979). 남성의 신체적 폭력만큼 여성의 언어적·감정적 폭력도 파괴적이다.

셋째, 성에 집착하는 경우도 곤란하다. 의존심을 성을 통해 충족하려는 의도가 집착을 낳고(Saul, 1979), 성에 대한 집착은 성 중독으로 이어지기도 한다. 아동기 감정양식으로 초래된 적개심과 관련이 깊은 것이 심리적 성기능 장애다. 남성의 발기부전이나 조루증, 여성의 불감증은 결혼관계에서 어려움을 초래한다.

예 ————

신체적으로 아무 문제가 없는 남편이지만 발기부전으로 아내와는 성관계가 어렵다. 남편의 어머니에 대한 적개심은 어머니를 닮은 아내에게 옮겨졌고, 적개심은 발기부전으로 표현되었다. 남편은 갑자기 예고 없이 아내를 강간하듯 덮칠 때만 아내와 성관계가 가능하다.

예 ————

신체 건강한 남편은 아내가 극치감을 느낄 때 매우 만족스럽다. 그러나 아내는 아주 이따금 극치감을 느낀다. 남편이 성관계를 강요할 때는 그것마저도 어려워진다.

예 ———————

아내는 남편에 대한 적개심을 불감증으로 드러낸다. 남편에게 성적 흥미를 잃은 지 오래된 아내는 남편과 더 이상 관계를 갖고 싶지 않다. 남편이 다가오면 화를 내기도 한다. 남편은 아내의 거부와 무감동을 치욕으로 받아들인다. 아내는 아무 감정이 없는 다른 남자와 사소한 접촉만 해도 온몸에 전율이 오는 성적 흥분을 느낀다.

어찌 보면 배우자와의 관계는 심리적으로 매우 근친상간적이다. 어린 시절 부모에게 가진 감정을 애먼 배우자를 통해 해소하려 한다. 부모에게는 감히 적개심을 드러내지 못하고, 부모와 닮은 배우자에게 예전 그 감정을 표현하는 것이다. 근친상간적 감정이 부부관계로 그대로 이어지는 경우, 무의식적으로 배우자를 부모로 여겨 성관계가 어려워질 수 있다. 이것이 심리적 성 장애를 설명하는 정신분석적 입장이다.

좀 더 가족 안으로 들어가 보면 가족은 철저하게 모권적이다. 어머니와 아내를 중심으로 긴밀한 관계가 형성되고 가족의 분위기가 만들어진다. 융은 이것을 모성 원형으로 자세히 다루었다. 막강한 정서적 권력을 쥐고 있는 아내는 남편에게 아내이기도 하지만 심리적으로 어머니이기도 하다.

아니마 여성성 원형에는 받아주고 품어주며 키우는 특성이 있다. 또 어떤 일에 의미와 활력을 주고, 새로운 에너지를 만든다. 아내의 정서적 지지와 인정은 남편에게 매우 중요하다. 남편이 하는 일의 의미와 명분을 부여하고, 일할 수 있도록 생기를 불어넣는다. 이런 생명력을 원동력 삼아 남편은 다시 일터로 나갈 수 있다. 사울(1977)은 이런 점에서 볼 때 모권제의 성격을 띤 결혼생활이 적절하다고 주장했다. 마치 긴 여정을 마친 배가 항구로 돌아와 수리하고 식량을 보충하듯, 치열한 직장에서 지친 남편은 아내 품에서 휴식하고 에너지를 보충해야 한다.

2. 건강한 배우자가 되려면 갖춰야 할 요건

그렇다면 성숙한 결혼 관계를 위해서는 어떤 요소가 필요한가? 프로이트는 정신적으로 건강한 사람이란 일과 사랑을 할 수 있는 사람이라고 말했다. 사울(1977)은 여기에 놀 줄 아는 능력을 추가했다.

1) 사랑 : 진정한 사랑은 이기심 없이 자신을 바쳐 상대를 헌신적으로 보호하고 책임감을 가지는 것이다. 사랑의 핵심은 변치 않는 정절이다. 일부일처제는 상당한 성숙을 요구하는 제도다. 사랑과 더불어 건강한 성적 능력과 즐거움 그리고 로맨스에 대한 감각이 필요하다(Saul, 1977).

2) 책임감 : 여기서 책임감이란 생계에 대한 책임, 가족을 보살피는 책임을 의미한다(Saul, 1977). 직장을 꾸준히 다니며 생계를 꾸리는 것은 대단한 힘이다. 자아가 약한 사람은 직장을 그만두고 쉬다가 직장을 바꾸고 또 그만두는 것을 반복한다.

3) 놀이를 즐길 수 있는 것(여유를 가질 수 있는 능력) : 놀이를 통해 그 사람의 이드 id를 엿볼 수 있다. 여유를 즐기지 못하는 인간은 이드를 가져다 쓸 수 없어 무력해진다.

놀이를 한량의 게으름과 성실하지 못한 것으로 보는 것은 편견이다. 놀러 갔을 때를 생각해보라. 일단 신이 난다. 목소리 톤이 높아지고 표정이 밝아진다. 일할 때와는 전혀 다른 새로운 에너지와 흥이 난다. 거기다 멋진 풍경이나 색다른 분위기와 만나면 마음이 신선해진다. 이런 생동감은 일상으로 다시 돌아와 일할 힘이 된다. 어른들의 놀이 가운데 가장 흔한 것은 아무것도 하지 않고 빈둥대는 것이다.

4) 자기 역동(상처)이 개입되지 않고 흔들리지 않는 강인함 : 부모로서, 배우자로서 버팀목 역할을 제대로 한다는 것은 적개심을 효과적으로 다룰 수 있다는 의미와 같다. 설령 상대방에게 독설이나 자존심 긁는 말을 들었다 해도, 극단적이지 않고, 흔들리지 않을 만큼의 강함이 필요하다. 자신의 역동에 흔들리게 되면, 작은 갈등도 감당할 수 없어 큰 싸움을 만든다. 갈등이 있을 때마다 "끝내자, 때려치워!!"를 외친다. 부부싸움의 가장 큰 장점은 상대의 진심을 들을 수 있다는 것이다. '내가 들어 줄테니 하고 싶은 말을 이번 기회에 다 해 보자. 우리가 잘살아 보자고 이런 솔직한 심정을 이야기하는 것이다.' 하는 굳은 힘이 필요하다.

5) 역동의 조화 : 의존심의 집착에서 벗어나고 적개심을 조절할 수 있는

성숙한 감정과 태도가 가장 좋은 방법이다. 하지만 그것이 여의치 않을 경우가 대부분이다. 비록 부부에게 박탈과 상처가 있다고 해도, 부부의 역동이 조화롭게 서로 보완된다면, 부부관계는 잘 유지될 수 있다고 사울은 주장했다. 아내가 의존적이고 요구가 많지만, 남편이 주도적이어서 의존을 들어주는 것이 어렵지 않으면 두 사람은 비교적 잘 지낼 수 있다. 물론 스트레스가 극심할 경우 얼마든지 관계는 어려워질 수 있다. 성숙한 부부관계를 위해서는 인격 대 인격적인 관계가 되어, 유아적인 요구가 아닌 현실적인 요구를 주거니 받거니 하며 잘 처리하는 것이 필요하다.

온전하고 너그러운 자아, 좋은 어머니 그리고 만족스러운 관계는
어디까지나 이론에서만 가능하다.
하지만 중심자아가 그야말로 중심을 '딱' 잡고
무의식의 리비도 자아와 반리비도 자아를 조절해야 한다.
중심자아의 성패가 정신건강을 가늠하기 때문이다.

세상에서 가장 어려운 일이 부모 역할이라고 한다.

앞에서 우리는 짧게는 태어나서 첫 1년,

길게는 초등학교 입학 전의 시기가 얼마나 중요한지 보았다.

한 사람의 인격이 만들어지고,

운명이 결정되는 시간이란 것을 알 수 있었다.

이 장에서는 프로이트가 구강기라고 부르는

생애 첫 1년에 관해 본격적으로 다뤄보려 한다.

그리고 구체적으로 부모가 자녀에게 해 줘야 할 것들을 제시하려 한다.

5장

생애 초기에
부모가 해줘야 할 것들

생애 첫 1년: 위니컷의 절대의존기

소아과 의사였던 도널드 위니컷^{Winnicott} (1896~1971)은 소아과 의사로 40년 동안 6만여 명의 아기들을 치료하는 동안, 어머니와 아기의 관계를 관찰하면서 자신의 이론을 만들었다. 위니컷은 안나 프로이트와 멜라니 클라인의 학파를 따르지 않고 자신만의 제3의 독립학파를 고수하였다. 특히 위니컷은 생애 초기 발달에 관한 이론을 자신만의 독창적인 시각으로 '이만하면 좋은 어머니'라는 개념을 정립한 위대한 정신분석가다.

1. 위니컷이 본 인간의 기본욕구

위니컷이 본 인간의 기본욕구는 프로이트와 사뭇 다르다. 오히려 위니컷의 생각은 인본주의와 비슷하다. 위니컷은 타고난 잠재력을 꽃피워 참자기로 살면서 전체성을 이루는 것, 이것이 삶을 이끄는 인간의 기본욕구라고 보았다. 전체성 혹은 통합이란 자신이 경험한 것을 자신만의 것으로 통합시킨 결과, 자신의 감정과 생각에 대해 온전히 책임을 지는 것 그리고 자신만의 독특하고 생생한 삶을 살 수 있는 능력을 말한다 (Winnicott, 1965a). 인간은 태어날 때부터 이미 통합과 전체성의 방향으로 성장하려는 욕구가 원래 있었다는 것이다. 이런 생각은 1950년대 심리학의 주류였던 인본주의 관점보다 훨씬 앞선 것이다.

위니컷은 전체성 Wholeness 으로 가기 위해서 아기는 두 가지 욕구, 즉 본능 id 욕구와 자아욕구를 충족시켜야 한다고 주장했다. 위니컷은 프로이트의 본능욕구 외에 자아욕구를 추가했는데, 자아존중은 본능충족만큼 중요한 욕구다. 이것은 자기 삶을 선택할 수 있는 존재, 하나의 고유한 인격으로 존중받으려는 욕구를 말한다. 본능욕구는 아기가 커 가면서 점차 좌절을 경험해야 하는 반면, 자아욕구는 평생 충족되어야 하는 욕구로 좌절되면 곤란하다.

위니컷 역시 프로이트처럼 발달단계[5]를 제시하였다. 발달단계가 있긴 하지만, 모두가 똑같이 발달과정을 겪는 것은 아니다. 어머니의 돌봄이 어떠하냐에 따라 아기의 발달이 순조롭게 진행되기도 하고 어려움을 겪을 수도 있다.

위니컷은 아기 혼자 저절로 발달하는 것이 아니라 아기와 어머니의 돌

---

5   절대의존기(0~1세), 과도기(2~3세), 상대의존기(3~5세)로 나누었다.

봄이 있어야 '발달'할 수 있다고 주장했다. 아기의 정신이 성숙하려면 각 단계에 맞는 환경이 필요하다. 어머니가 제공한 환경의 수준 딱 그만큼 아기의 정신은 발달한다. 만약 어린 아기에게 필요한 환경을 청소년이 된 후에도 자녀에게 똑같이 제공한다면, 아이의 정신은 성장을 멈추고 유아적인 상태로 남아 있을 수밖에 없다. 오냐오냐 키운 딸 부잣집의 귀한 3대 독자가 건강하지 않은 까닭이 바로 이 때문이다. 아기의 성장에 따라 어머니의 태도가 달라져야 하는데, 그렇지 않을 때 문제가 발생한다. 아기에게 해줘야 할 건 하지 않고, 아기에게 필요 없는 것을 계속 지원할 때 아기의 성장은 멈추고 정신적 문제가 발생한다. 구강기에 혹은 항문기에 성장을 멈춘 어른을 우리는 종종 만날 수 있다.

위니컷 이론은 생후 초기 부모가 어떤 환경을 제공해야 하는지를 잘 설명해 준다. 여기에서는 생후 첫 1년, 절대의존기의 양육은 어떠해야 하는지, 이때 양육환경이 잘못되면 어떤 일이 일어나는지 살펴보고자 한다.

2. 절대의존기

위니컷은 생애 최초 시기를 절대의존기[6]라고 불렀다. 특히 아기가 태어난 후 6개월 동안은 매우 중요한 시기라고 강조하였는데, 왜냐면 아기는 현실을 대처할 만한 능력이 거의 없기 때문이다. 현실을 대처하기 위해서는 '나'가 필요하다. 그래서 절대의존기의 과업은 평생 세상을 살아가는

6　생애 첫 1년을 프로이트는 구강기, 마가렛 말러는 공생기, 멜라니 클라인은 편집-분열자리로 불렀다.

데 중심이 되는 '자기 self [7]'를 만드는 것이다. '나'를 만들기 위해 아기는 함입과 내사라는 심리적 기제를 가지고 어머니를 통째로 받아들여 '자기'를 만든다. 어머니의 어떤 특성을 선택하거나 거르지 않고 그대로 빨아당겨 '자기'로 삼는 것이다. 그래서 이 시기 어머니는 아기에게 절대적인 영향력을 행사한다. 아기는 살아남기 위해 어머니에게 전적으로 의존할 수밖에 없는 운명을 지녔다.

어머니가 느끼는 감정이 바로 아기의 감정이 되고, 어머니가 품은 아기에 대한 환상은 곧 아기 자신의 이미지가 된다. "너를 가졌을 때 ~태몽을 꿨어. 장차 넌 큰 인물이 될거야", "너를 가지는 바람에 엄마와 아빠가 결혼을 하게 되었지", "위에 언니가 살아있었더라면 아마 너를 낳지 않았을거야", "너를 낳고 우리 집이 부자가 되었다" 등의 부모에게 들은 말은 사실이기도 하지만 그말 속에는 어마어마한 환상이 담겨있고, 그 환상은 아이의 인생을 이끈다.

아이가 물려받는 것은 어머니의 감정이나 환상뿐만이 아니다. 어머니의 내적 대상이 어떻게 구성되었는지, 불안을 처리하는 자아기능의 강도는 어떠한지, 어머니의 핵심감정이 무엇인지, 아기는 어머니가 가진 자아

---

7   프로이트는 성격이 원본능(id), 자아(ego), 초자아(super ego) 세 부분으로 나누어져 있다고 보았다. 위니컷은 이 세 부분을 아우르는 인격을 총칭하는 개념이 필요하다고 보고 그것을 자기(self)라고 불렀다. 자아가 지각, 인지, 행동같은 기능에 관한 개념이라면, 자기는 구조에 관한 개념이다. 구조는 어떤 내용물을 담기 위한 그릇이다. 자기에는 정신적인 요소 뿐만 아니라 신체를 포함한다.

기능, 대상에 관한 이미지와 자신에 관한 이미지를 그대로 물려받게 된다. 그래서 아기의 인격은 최초 양육대상인 어머니의 '반영물'이라고 말한다. 어머니는 아기의 운명을 결정한다고 해도 과언이 아니다. 그래서 위니컷은 '홀로 존재하는 아기는 없다 There's no such thing as a baby '고 했는데, 이 말은 어머니의 돌봄이 없으면 아기도 존재할 수 없다는 뜻이다. 아기는 어머니와 짝이 되어 한 쌍으로 존재하며, 어머니와의 관계 안에 있어야 아기가 존재할 수 있다.

처음 아기의 자아[8]는 어설프기 짝이 없다. 자아가 아직 통합을 이룬 상태가 아니라서, 자신이 경험한 것들은 조각난 채 흩어져 있다. 그래서 아기는 자신이 경험한 것들이 무슨 의미인지 알 수가 없다. 다만 통합된 '자기'로 살려는 선천적으로 타고난 본능만 가지고 있을 뿐이다. 타고난 본능 즉 잠재력은 마치 자석 같다. 자석처럼 구심점이 되어 주위에 흩어진 경험을 하나로 끌어모은다. 끌어모은 모든 경험을 자신만의 것으로 통합하면, '자기'를 만들 수 있다.

이 시기 어머니의 역할은 아기를 '전체성을 가진 하나의 존재'로 대하는 것이다. 어머니가 아기를 한 사람의 인격체로 존중하면, 아기는 타고난 잠재력을 마음껏 꽃피울 수 있다. 또한, 어머니 품 안에 머무르면서 자신이 경험한 것을 자신의 것이라고 받아들일 수 있다. 어머니의 이런 양

---

8   아기가 태어난 초기 시절에는 '자기'가 형성되기 이전이라 '자아'가 더 적절하다. '자기'는 '나는 ~이다'라고 말할 수 있을 때, 나에 관한 느낌을 말할 수 있을 때를 기점으로 삼는다.

육태도를 안아주기 holding 라고 부른다(Winnicott, 1945).

위니컷은 지나치게 이상적이고 완벽한 양육을 강조하지 않으려고 '이만하면 충분히 좋은 어머니 good enough mother '라는 말을 사용했다. 위니컷은 어머니가 '아기에 대해 어떤 감정과 어떤 생각을 가지고 있는가'가 아기의 본능 욕구를 충족시켜주는 것보다 더 중요하다고 보았다. 사건 자체보다 어머니가 그 사건을 어떻게 소화했는가가 더 중요하다고 본 것이다. 이 시기 어머니의 돌봄에 따라 아기가 장차 어떤 인격으로 살아갈지, 어떤 장애를 가지게 될지가 결정되기 때문이다.

3. 본능적 모성 몰입 Primary Maternal Preoccupation)

아기가 세상에 나오는 순간 아기에게 세상이라는 현실은 충격 그 자체다. 위니컷은 아기에게 현실은 모욕이라고 말했다. 세상을 대처할 수 있는 능력이 전혀 없다면 얼마나 난감하고 불안한 일인가. 어머니는 아기의 충격을 처리해 주는 최초의 대상이 된다. 어머니가 충격을 제대로 처리해 주지 않으면, 아기는 자신의 **'존재의 연속성** continuity of being **'**이 끊겨 마음이 분열된 나머지 병리적으로 갈 수 있다. 이때 '존재의 연속성'이란 어머니의 헌신적 돌봄으로 아기의 욕구가 채워지는 느낌, '엄마가 여기 있어. 그러니 안심해'라는 든든하고 지속적인 느낌, 그래서 온전히 '나' 자신으로 있을 수 있는 것을 말한다.

말 못 하는 아기의 욕구를 어머니가 알아서 맞추는 것은 쉬운 일이 아니다. 이것은 어머니와 아기가 한 몸을 이루지 않으면 불가능하다. 임신

후반기부터 출산하고 난 후 몇 주 동안 어머니는 아기를 자신인 것처럼 동일시하고 아기에게 헌신적으로 몰입하는데, 위니컷(1960)은 이것을 **본능적 모성 몰입**이라고 불렀다. 어머니는 조그마한 신호도 알아챌 수 있을 만큼 민감하다. 마치 어머니 자신이 배고프거나 불편한 것처럼 아기가 원하는 것을 알 수 있다. 에너지가 넘치는 어머니는 잠을 적게 자도 피곤하지 않다. 세상의 모든 일을 다 제치고 어머니는 오로지 아기에게만 몰두한다. 이런 융합된 관계는 아기의 성장에 꼭 필요하다. 이 경험을 통해 아기는 세상과 연결되어 있다고 느낄 수 있기 때문이다.

위니컷은 이런 돌봄은 생모만이 할 수 있다고 주장했다. 왜냐면 임신 아홉 달 동안 어머니와 아기는 한 몸, 한 마음이었기 때문이다. 그래서 어머니는 아기가 태어난 후에도 자궁 안에 있을 때와 비슷한 환경을 맞춰줄 수 있는 유일한 사람이다.

이런 강력한 관계로 인해 아기는 안정감, 나아가 전지전능함을 가질 수 있다고 위니컷은 주장한다. 이런 착각과 환상이 아기의 인생을 결정하는 토대가 된다. 이 강력한 관계는 점차 어머니에 대한 실망과 좌절을 견딜 힘을 만들고, 자신 역시 한계가 있는 인간이라는 것을 받아들일 수 있게 한다.

절대의존기 부모 역할 1: 안아주기

위니컷은 절대의존기의 어머니 역할을 한마디로 말하면 '안아주기'라고 주장했다. 또 위니컷은 절대의존기에 아기가 반드시 성취해야 하는 발달과업 세 가지가 있다고 했다. 첫째, '나는 ~이다'라는 '자기'를 만들어 자신이 겪은 경험을 '자기'로 통합intergration 하기, 둘째, 몸에 마음을 담기[9] personalization , 셋째, 대상관계 형성이라고 했다. 이 세 가지 과제는 오로지 '이만하면 충분히 좋은 어머니'가 있는 환경에서만 가능하다.

9　인격화의 사전적 의미는 '객체를 변경하거나 추가하여 객체가 귀하에게 속하거나 귀하로부터 온 것이 분명하도록 하는 행위'이다. 통전이라고 번역되기도 하였다.

1. 통합: 고유한 존재가 되어가기 going-on-being

인간이 성장하고 발달한다는 것은 무엇을 뜻하는가? 여러 가지를 들 수 있지만 위니컷은 발달이란 삶을 통합하는 과정이라고 보았다. 우리는 몸과 마음이 통합되어야 하고, 사고와 감정이 통합되어야 한다. 살아온 시간이 통합되어 하나의 의미가 되어야 하고 자신이 맺어 온 관계들이 통합되어야 한다. 결국, 통합은 즉 전체성 wholeness 으로서 '나'에 대한 통합을 의미하며, '나'라는 자기를 만드는 것이다.

태어날 당시 아기는 통합된 상태가 아니다. 아기는 통합을 이루려는 성향과 잠재력만 가지고 태어났다(Winnicott, 1945). 위니컷은 통합을 위해서는 두 가지가 필요하다고 했는데, 첫 번째는 '안아주기'라는 어머니의 돌봄이다. 안아주기는 아기의 인격 통합을 위해 꼭 필요한 양육 환경이다. 공생이나 융합과 비슷한 개념이다. 두 번째는 '자기'를 만들려는 강렬한 본능을 아기가 경험해야 한다. 어머니의 안아주기라는 돌봄과 아기의 '자기'를 만들려는 본능이 만나야, 아기는 온전한 통합을 이룰 수 있다.

아기는 성장하고 발달하려는 본능을 가지고 태어났다. 어머니의 안아주기는 이 '타고난 잠재력'을 고유한 한 사람으로 만들어준다. 다른 사람과는 구분되는 세상에 유일한 존재 unit 가 되어가는 과정을 위니컷은 '존재의 연속성 continuity of being '이라고 불렀다(Winnicott, 1965b). 존재의 연속성이란 생후 첫 1년 동안 자기의 욕구가 채워지는 느낌을 말한다. 존재의 연속성을 얻게 되면 불안하지 않으면서 온전히 자기 존재로 있을 수 있다. 이것은 마치 집을 짓는 기초공사와 같아 한 인간으로 그리고 실존으로 살아갈 수 있는 토대가 되고, 창조적인 삶^{아기에게는 놀이}의 씨앗이 된다. 타고난 잠재력이 자신만의 '존재의 연속성'을 경험하는 순간 처음으로 '자기'가 만들어지는데, 이 최초의 자기를 위니컷은 참자기 true self 라고 불렀다.

안아주기에는 신체적으로 편안하게 안아주는 신체적 안아주기, 그리고 어머니가 아기를 온전한 한 사람으로 존중하는 심리적 안아주기가 있다. 위니컷은 아기를 존중해주는 어머니의 안아주기를 자아관계성이라고 불렀는데, 자아관계성은 든든한 자기정체성 혹은 자아존중감과 비슷한 개념이다. 구체적으로 안아주기란 어머니가 자신의 감정이나 생각, 상상력을 동원하여, 아기의 상태를 읽어주고 아기의 불안을 가라앉히는 것을 말한다. 어머니는 아기를 자신의 한 부분이라고 여겨, 무력한 아기의 처지를 어머니가 충분히 이해하고, 아기가 소화하기 어려운 것을 어머니가 대신 처리해주는 것이다(David & Wallbridge, 1991). 어머니가 안아주기를 할 수 있으려면 먼저 어머니 자신이 통합을 이룬 사람이어야 한다.

궁극적으로 안아주기의 가장 중요한 기능은 아기의 통합이다. 어머니가 아기의 상태가 어떤 것이라고 알려주고 경험에 의미를 부여하면, 아기는 타고난 잠재력으로 자기가 경험한 것들을 인격에 통합시킨다. 이런 경험이 누적되면서 통일성과 연속성을 가진 참자기가 만들어진다. 아기가 자랄수록 몸으로 안아주는 것보다 어머니의 관심으로 안아주는 심리적 안아주기가 더 중요해진다. 위니컷(1960)은 심리적인 요소가 빠진 신체적 안아주기는 아기를 안아주는 것이 아니라 아기를 숨 막히게 만들고,

아기를 고통스럽고 불안하게 만든다고 하였다.

예 ────────

A는 어머니에게서 안아주기 경험을 충분히 받지 못했다. A의 어머니는 해마다 임신하였고 연년생으로 자녀 다섯을 낳았다. 어머니에게 육아는 전쟁 같았다. 신체적 피로감과 정신적 스트레스는 극에 달했다. 어떤 아기도 충분한 돌봄을 받을 수 없었고 어머니의 사랑과 관심은 늘 부족했다. A는 어머니답지 않은 어머니가 원망스러웠다. A는 어머니처럼 되기 싫었다. 결혼 후 아기를 낳은 A는 좋은 어머니가 되려고 기를 썼다. 노력하면 할수록 A는 좋은 어머니가 되지 못할 것 같은 불안이 올라왔다. A는 아기를 안고 있는 것 자체가 너무 고통스러웠다. 어떻게 아기를 안아야 하는지 방법을 몰라 난감했다. 아기에게 젖을 물리면 행복한 느낌이 들고 아기가 예뻐 보이는 것이 아니라 자신의 모든 기가 다 빠져나가는 느낌이 들었다. A가 아기를 안으면 아기는 죽을 것처럼 울어 댔다.

위니컷은 '안아주기'에 대해 매우 역설적인 주장을 하는데, '안아주기'에는 통합뿐 아니라 비통합^{disintegrated state} 경험도 있어야 한다는 것이다. 비통합이란 아기가 어머니를 찾지 않고 혼자 잘 놀면서 혼자만의 시간을 보내는 것이다. 이때 어머니는 끼어들지 않고 그저 아기를 지켜만 본다. 비통합 상태에서 아기의 '자신이 되어가는 과정'은 방해받지 않고 침범받지 않아야 한다. 비통합은 통합만큼 중요하다. 비통합 상태로 홀로 있을 수 있어야 비로소 통합을 이룰 수 있다.

2. 비통합 경험

위니컷(1948)은 비통합 상태를 다음과 같이 표현했다.

"고요한 순간에 나무 사이로 보이는 하늘, 모든 것이 들어오고 나가며 주변을 맴도는 엄마의 고요한 눈 말고 다른 것은 아무것도 없다고 가정하자. 통합에 대한 욕구도 없는 이런 상태는 매우 귀중한 것이다. 그것이 없다면 중요한 무언가를 잃은 것이다. 그것은 주위에 어떠한 흥분도 없을 때, 평온하고 편안하며 긴장이 풀리고 사람과 사물에 대해 느끼는 일체감 같은 것이다."

<Early stages : primary introduction to external reality>, 1948

비통합 경험이란 다른 사람 눈치 보지 않고, 방어하지 않는 채 온전히 편안하게 있을 수 있는 상태, 굳이 무언가를 성취하거나 하지 않아도 괜찮은 상태, 마음을 다 내려놓은 편안한 상태다. 비통합 경험 덕분에 '나'란 존재를 있는 그대로 느끼고, 즐기고, 누릴 수 있다. 그래서 비통합 경험 안에서는 하나의 인간으로 충분하게 있을 수 있다. 이런 경험이 있어야 살아있는 현실을 만날 수 있다(Davis & Wallbridge, 1991).

비통합 경험이 통합에 중요하다는 사실은 최근 뇌과학에서도 실제로 입증되었다. 비통합 상태를 디폴트 모드 네트워크 Default Mode Network 라고 하는데, 아무 일도 하지 않고 멍 때리고 있는 상태를 말한다. 뇌가 휴식을 취하고 있을 때 뇌는 정지되는 것이 아니라, 평소에는 연결되지 못한 뇌의 부위들이 서로 연결되면서 뇌가 활성화된다. 그래서 창조성이 증가하고 정신의 기능이 회복된다. 또 기억을 통합시키고 자신을 되돌아보게

하여 자아 성찰을 촉진한다.

3. 홀로 있을 수 있는 능력

위니컷은 성숙을 나타내는 중요한 지표 중 하나가 홀로 있을 수 있는 능력이라고 보았다. 아기에게는 어머니와 함께 있는 상태에서 혼자 있는 경험이 필요하다. 이때 중요한 것은 아기가 혼자 있는 것이 아니라 반드시 어머니가 곁에 있어야 한다는 점이다. 홀로 있다는 것은 무엇을 하지 않아도, 무엇을 해야 할지 생각하지 않아도 편히 있을 수 있는 것 그러면서 방해받거나 침범당하는 걱정을 하지 않아도 되는 상태, 그저 자신만의 존재로 있을 수 있는 것을 말한다. 아기에게는 존재의 연속성 상태로 있을 수 있는 텅 빈 공간이 꼭 필요하다(Winnicott, 1958).

홀로 있을 수 있다는 것은 사람들에게서 뚝 떨어져 외톨이로 고립된 것을 뜻하지 않는다. 위니컷은 독방에 갇혀있어도 홀로 있을 수 없는 사람이 있다고 했다. 혼자 있지 못하는 그 고통은 엄청난 것이다. 홀로 있는 능력은 다른 사람과 함께 있으면서도 자신의 정체성을 잃지 않는 것으로, 이것을 위니컷은 자아관계성 ego-relatedness 이라고 불렀다. 자아관계성이란 온전한 하나의 인격이라고 자기 스스로를 경험하는 것, 자기 자신을 스스로 존중하고, 선택할 수 있는 존재라고 여기는 것이다 (Winnicott, 1958).

홀로 있을 수 있다는 것은 통합이 이루어졌다는 것을 의미한다. 통합이 이루어져야 비로소 자기 삶을 살아갈 수 있다. 자기 삶을 산다는 것은 부모와 융합되지 않는다는 뜻이다. 그러면 타인의 눈치를 보지 않고 휘둘리지 않으며 다른 사람에게 자기 삶이 침식당하지 않는다. 혼자 있어도 외롭지 않고 세상 모든 존재와 함께할 수 있다. 이것은 보웬의 자아분화와 비슷한 개념이다. 어머니가 아이의 존재를 있는 그대로 받아주고, 아기가 혼자 있는 것을 허용하면 아기는 자연스럽게 자기를 통합해 나갈 것이라고 위니컷은 강조했다.

통합이 충분히 이루어졌다면 언제든 다시 비통합 상태로 되돌아갈 수 있다. 비통합 경험이 충분해야 본능 충동을 위험한 것이 아닌 자신의 것으로 받아들일 수 있다. 강요에 못이겨 억지로 '자기'를 만들어 통합을 이룬 척하거나, 성급하게 만들어 '자기' 통합이 엉성하면 비통합 상태로 전환이 불가능하다. 왜냐면 불안하기 때문이다.

4. '안아주기'가 실패하면

통합된다는 것은 '나'라는 한 사람이 생겨났다는 뜻이다. '나'가 생기면 '나' 이외의 것은 모두 세상이고 남이 되면서 경계가 생긴다. '나'가 생기면 경험한 것을 자신만의 것으로 모아 '나'를 풍성하게 만든다.

자기가 있어야 본능^{id} 경험도 자기 것이 된다. 그래야 현실에 대한 감각이 생기고 현실을 있는 그대로 느낄 수 있다. 그렇지 않으면 본능 역시 자기 것이 아니라, 밖에 있는 위험한 것으로 인식되고, 자신을 해코지할 거라는 망상에 시달린다. '자기'가 주인공이 되지 않으면 인생의 그곳에는 있었지만, 실제 인생 그 안에는 들어가 있을 수 없다.

아기가 배고플 때 어머니가 젖을 주지 않으면, 아기는 마치 죽을 것 같이 운다. 이처럼 배고픔 같은 본능의 충동조차 아기는 감당이 어렵다. 아기는 세상의 수많은 자극을 죄다 자신을 침범하는 것으로 여긴다. 조그만 일에도 아기는 놀라고 불안하다(Winnicott, 1958). 이때 어머니의 안아주기가 있어야 아기는 본능을 자신의 욕구라고 안심하며 받아들인다. 세상을 위험한 곳이라고 여기면 매사에 안간힘을 쓰면서 아등바등 살아야 한다. 그래야만 살아남을 수 있을 것 같다.

어머니의 안아주기가 실패하면 아기는 깨지고 부서질 것 같은 멸절 불안을 겪게 된다. 아기의 '자기'는 아직 엉성해서, 어느 한순간 갑자기 없어질 것 같은 느낌이 드는 것이다. 이것은 죽음의 공포와 차원이 다르다. 안아주기의 실패로 자아 통합이 제대로 이루어지지 않으면 극단적인 경우, 아기가 사망할 수도 있다고 위니컷은 주장했다(Winnicott, 1960). 절대적 의존기에 일어난 박탈은 언어 이전의 경험이라서 말로 표현하기가 어렵다. 그래서 아기는 자신이 겪은 멸절불안을 표현할 방법이 없다.

어머니의 안아주기 안에서 아기가 본능 욕구를 충족시키면, 이런 경험이 모여져 '자기'가 된다. '자기'가 없거나 '자기'가 빈약하다면, 아무리 본능을 충족시켜준다고 해도 그 경험은 아무 의미가 없다. '자기'가 자신의 것이라고 받아들인 경험만이 의미가 있을 뿐이다.

안아주기의 성패는 어린 시절 어머니가 충분한 안아주기를 경험했는지 그리고 어머니가 통합을 이뤘는지 여부에 달려 있다. 어머니가 우울증 같은 정신질환을 앓고 있다면, 안아주기는 실패로 이어지기 쉽다. 부모로부터 정신질환에 취약한 유전적 요인을 물려받고, 거기에 부모의 '안아주기' 실패라는 환경적 요인이 더해지면, 정신병리가 세대 전수되는 것은 수순이 된다.

어릴 때 안아주기가 부족하면 어른이 되어서도 무언가가 부족하다는 느낌이 자꾸만 든다. 마치 영혼에 블랙홀이 있는 것처럼 채워도 채워도 채워진 느낌이 들지 않는다. 그래서 부모에게 끊임없이 요구하고 의존한다. 끝없이 나락으로 떨어지는 꿈은 안아주기가 실패했을 때 자주 등장하는 꿈이다. 위니컷은 이런 꿈은 예후가 좋지 않고, 정신질환으로 이어질 가능성이 높다고 보았다. 갑자기 자신이 없어질 것 같은 멸절 불안이 올라오면, 누군가를 잡거나 그 무언가에 매달려야 한다. 결국 이런 공허함을 메우기 위해 온갖 종류의 중독에 빠지게 된다. 절대적 의존기의 안아주기의 실패가 원인인 중독은 그래서 치료되기 어렵다.

안아주기의 실패는 사람과의 친밀한 관계를 어렵게 만든다. 친밀한 관계가 되려면 서로 다가가야 하고, 서로의 경계를 느슨하게 해야 한다. 하지만 안아주기가 실패하면 다른 사람이 다가오는 것을 두려워하며 침범한다고 오해한다. 가까워지는 것을 거부하고 상대를 멀리하면 친밀한 관계로 발전하기 어렵다. 결국, 이들은 인간의 가장 기본적인 욕구이자 본능인 관계 맺기를 포기하며 불행해진다.

삶이 고단하고 팍팍한 어머니는 푸근하고 따뜻한 가슴으로 아기를 품을 수가 없다. 아기는 어머니의 딱딱하고 차가운 가슴을 자신이라고 받아들인다^{할입한다}. 안아 줄 어머니가 없는 아기는 세상이 모질고 혹독하다고 느낀다. 세상에게 거부당하는 자신이 못나게 느껴지고 수치스럽다. 이러면서 아기의 내면은 공허해진다.

어머니의 사랑을 얻을 수 없다면 차라리 모두 다 부숴버리는 것이 나을지 모른다. 이 무시무시한 시기심은 적개심의 끝판왕이다. 하지만 이런 극단적인 시기심은 자아를 더 취약하게 만든다. 끊임없는 침범이 지속되는 환경이 계속 이어지면 결국 존재의 연속성이 깨지게 된다. 침범을 막기 위해 아기는 환상을 만드는데 이것이 정신병의 원인이 된다(Winnicott, 1962). 위니컷은 정신병을 절대의존기에 생긴 '환경 결함의 병'이라고 보았다. 대표적인 질환이 1) 조현병과 조현성 성격장애, 2) 뇌의 이상과 무관한 자폐증 그리고 3) 거짓자기다(Winnicott, 1960).

조현병과 자폐증은 끔찍한 불안을 다시는 겪고 싶지 않다고 작정했다는 뜻이다. 외부의 침범을 자아가 감당하기 어려워, 철수라는 방어기제를 사용하여 자기 내면으로 도망을 갔다. 자신을 안전한 성안에 꼭꼭 숨겨둔 것이다.

조현병의 환각은 자기와 대상 간 경계가 불분명해져, 자기 내부의 것인지 외부에서 일어난 것인지 헷갈리는 증상이다. 조현병을 공생기 정신병이라고 부르는 것은 자기와 대상의 구분이 어렵다는 점, 그리고 자아 상태가 조각난 점이 공생기 아기 상태와 비슷하기 때문이다(Hamilton, 1990).

조현병과 자폐증이 자기 내면으로 도피하는 것이라면, 거짓자기는 방어를 사용하여 현실에 적응하는 것처럼 꾸미고 위장하여 현실로부터 도피하는 것이다(Winnicott, 1962).

위니컷은 안아주기가 꼭 완벽할 필요는 없다고 했다. 너무 무심하지도 않지만, 너무 침범하지도 않은 환경이면 된다고 했다. 상담에서도 마찬가지다. 대상관계이론에서는 상담자가 과거 어머니가 못 해준 것을 다 채워주려고 노력하는 것을 권하지 않는다. 상담자가 내담자의 어머니보다 더 따뜻하거나 상처를 보듬어 줄 필요가 없다는 것이다.

만약 어머니의 안아주기가 충분하다면 아이는 더 이상 어머니를 쫓아다니지 않고, 필요할 때만 찾을 것이다. 부모의 개입이나 간섭도 거절할 것이다. 이때 부모는 그저 '지켜보는 어머니'면 족하다.

절대의존기 부모 역할 2: 소중하게 다루기

1. 몸에 마음을 담기 personalization

'몸에 마음을 담기'는 몸 안에 거하는 마음을 묘사하기 위해 위니컷
이 사용한 말이다. 위니컷은 몸을 어떻게 경험하는지, 자기 몸을 자신의
것이라고 여기는지, 그 안에 마음이 살고 있는지에 큰 관심을 가졌다.

이제 막 태어난 아기는 몸과 마음이 느슨하게 연결되어 있다. 그래서
감당할 수 없을 만큼 아기의 몸이 불안해지면 아기의 몸과 마음은 연결
이 끊어진다. 아기를 갑자기 잡아당기거나, 낚아채듯 안거나, 함부로 거
칠게 다루거나, 놀아준답시고 아기를 던지는 등, 아기를 비인간적으로 다
룰 때 아기는 엄청난 불안을 느낀다. 특히 아기가 깊은 잠에서 깨어날 때
아기의 정신이 몸으로 되돌아오는 것이 쉽지 않다. 이때 어머니가 아기를

깨지 않게 조심스럽게 다루고, 아기를 살며시 깨우는 세심함은 매우 중요하다(Winnicott, 1958).

갑자기 깨는 바람에 몸에 정신이 깃들지 않은 아기를 위니컷은 이렇게 보고했다.

"아기는 식은땀을 흘리고 체온이 떨어지면서 얼굴이 창백해지고 토를 한다. 곧 죽을 것 같은 아기를 안고 어머니가 병원에 뛰어온다. 병원에 오는 동안 아기의 몸에 정신이 들어오고 아기의 증상은 사라진다."

어머니의 안아주기가 이때도 필요하다. 아기가 감당할 수 없는 몸에 대한 충격을 어머니가 처리해 줘야만 한다. 몸에 대한 충격을 아기가 감당할 수 없을 때, 아기의 존재연속성은 끊기고 몸과 마음이 깨진다. 이런 경험은 나중에 정신질환으로 이어질 수 있다(Winnicott, 1958). 그뿐만 아니라 몸이 깨지는 것 같은 느낌은 세상이 자신을 해코지한다는 박해 불안으로 이어진다.

2. 소중하게 다루기 handling

몸에 마음이 담기려면 어머니는 아기를 소중한 보물인 듯 세심하게 다루어야 한다. 이런 어머니의 돌봄을 '다루기 handling'라고 위니컷은 불렀다(Winnicott, 1962).

아기를 하나의 인격체로 존중하는 것, 보물처럼 소중하게 다루는 것,

아기를 자연스럽게 안는 것 등은 다루기의 좋은 예다. 어머니와 아기가 마치 한 몸이 된 것처럼 어머니가 잘 다루면 아기는 만족감이 들면서 아기의 정신이 아기의 몸에 쏙쏙 잘 담긴다. 아기에 대한 존중은 어머니가 아기에게 무엇을 할지 미리 알려주는 것에서 볼 수 있다. 기저귀를 갈기 전에, 목욕을 시키기 전에 어머니가 앞으로 일어날 일을 말해주고 아기를 준비시킨다. 그러면 아기는 놀라지 않고 몸의 경험을 받아들인다. 어머니의 조심스럽고 섬세한 손길을 통해, 아기는 자신이 친절하게 대해지는 귀한 존재임을 알게 된다.

이런 몸의 경험은 매우 중요하다. 몸의 경험을 통해 신체 역시 '자기'의 일부라는 것을 알게 되면, 점차 몸과 마음은 서로 연결되고 하나로 합쳐진다. 위니컷은 이런 과정을 몸에 마음이 담김 personalization 이라고 불렀다.

위니컷은 신체를 중요한 요소로 보았는데, 오랫동안 소아과 의사로 일한 그로서는 당연한 생각인 듯하다. 몸 자아는 자아의 가장 기본으로 자아는 몸 자아에서 시작된다. 또한, 한 사람이 생겨나 한 개인이라는 단위가 생기는 시점 역시 몸 안에 정신이 담긴 바로 그때부터다. '나'와 '나 아닌 것' 사이의 경계는 피부이다. 피부에서 시작한 다양한 신체의 감각 그리고 몸의 움직임은 자아를 만드는 재료가 된다. 이런 것들이 모두 통합되면 그때 비로소 자아가 만들어진다. 이렇게 마음이 몸에 담겨야 자기 몸을 소중하게 돌볼 수 있고 몸을 가꿀 줄 안다(Winnicott, 1962).

어머니가 다루기를 잘하려면, 어머니 스스로가 자기 몸을 소중하게 여기고 돌볼 줄 알아야 한다. 다루기는 자아통합에 필수적인 요소가 되고, 관계를 맺는 기초가 된다. 몸에 마음이 담기는 것은 당연한 결과처럼 보이지만 '나는 ~이다'라는 통합처럼 절대의존기에 아기가 이뤄낸 대단한 성과물이다.

3. 몸에 마음이 담기지 않으면

아기가 방치되어 혼자 있었거나, 아기의 몸이 거칠게 다뤄지면 아기의 마음은 몸에 담기기 어려워진다. 만약 몸에 마음이 담기지 않으면 어떤 일이 일어날까?

첫째, 아기도 자기 몸을 함부로 다루거나 몸을 무시한다. 그러면 몸의 감각이 무뎌지고 몸이 보내는 신호를 묵살하기 쉽다.

둘째, 몸이 기분 좋은 상태가 어떤 것인지 알 수 없어 기분 좋은 몸의 상태를 누리거나 만들 수 없다. 예를 들면 땀을 흘리면 몸이 개운해지고 머리가 맑아진다는 것을 모른다. 또 조루증이나 불감증으로 성관계에서 즐거움을 누리기 어렵다.

셋째, 신체와 마음이 분리되어 협응이 어렵다. 마음 따로, 몸 따로 움직인다. 그래서 자주 발을 헛디디고 넘어지고 다치고 무엇을 만지기만 하면 깨뜨린다. 실제로 위니컷의 환자는 자신이 눈 뒤의 머리 안에서 살고 있다고 토로했다. 이 환자는 창밖을 내다보듯, 눈 밖을 내다 보며 산다. 머리 안에 사는 환자는 자기 발을 볼 수 없어서, 어딘가에 빠지거나 뭔가에 걸려 넘어지곤 했다(Winnicott, 1945).

넷째, 위통, 천식, 편두통, 심한 멀미 같은 신체화 증상psychosomatic 이 발생한다. 즉 정신으로 이어지지 않은 감정을 신체화 증상으로 표현하는 것이다. 심한 경우 이인증[10] 같은 분열 증상을 보이는데, 이때 환자는 마음과 몸이 전혀 연결되지 않은 것처럼 보인다(Shoenberg, 2007).

---

10 이인증은 해리성 장애의 일종으로 스스로의 몸과 마음에서 분리되어 있거나, 또는 스스로의 관찰자가 되는 듯한 증상을 말한다.

4

절대의존기 부모 역할 3: 소중하게 다루기

1. 전능경험 Omnipotence

대상관계학파는 어머니가 아기에게 본능을 충족해주는 것보다, 아기가 어머니^{대상}를 발견하고 아기가 어머니와 친밀한 관계를 맺는 것이 더 중요하다고 주장한다(Davis & Wallbridge, 1991). 한발 나아가 위니컷은 어머니가 관계를 이끄는 것이 아니라 아기가 주도적으로 어머니와의 관계를 이끌어간다고 보았다. 결국 대상관계란 인격적인 관계를 맺었다는 뜻이다(Winnicott, 1962).

본능을 충족시키고 만족을 채우는 과정 역시, 아기가 주도권을 쥐고 있다. 그래서 아기의 주도권과 권리가 더 우선시되어야 하고(Davis & Wallbridge, 1991), 어머니가 젖을 주는 것이 아니라 아기가 젖을 찾아야 한다.

멜라니 클라인은 '환상이 그 사람이다'라고 주장했다. 환상은 행동할 수 있도록 동기와 동력을 제공하고, 행동하도록 이끈다. 위니컷 역시 멜라니 클라인처럼 환상을 중요하게 생각했는데, 그 역시 아기의 정신은 환상에서 시작한다고 보았다. '너는 세상에서 제일 예쁜 아기야, 우리 집 복덩이지'하며 어머니가 아기에게 환상을 가질 때, 그때 비로소 아기는 태어난다. 만약 어머니에게 아기에 대한 환상이 없다면, 아기는 태어났다고 말할 수 없다. 어머니가 아기의 탄생을 진심으로 기뻐하고 축복하며 아기에게 헌신하기로 작정할 때, 그때 아기의 영혼은 태어난다.

어머니는 아기가 '착각^{illusion}의 순간[11]'을 경험할 수 있도록 해야 한다. 예를 들어보자. 여기 한 번도 젖을 먹어보지 못한 아기가 있다. 배가 고파진 아기는 배가 부른 이미지를 떠올리면서 배부른 만족감을 창조할 것이다. 하지만 이런 과정을 처음 경험하는 아기는 자신이 무엇을 하고 있는지 알지 못한다. 젖을 찾는 아기에게 어머니는 젖을 바로 물리지 않고 아기가 찾을 수 있도록 젖가슴을 준비하면서 제시한다^{presenting}. 마침내 젖을 찾은 아기는 자신의 욕구와 만족감을 스스로 창조한 것이라고 착각한다. 이런 경험이 쌓이면 아기는 "내가 이것을 창조했다"라는 전능감을 갖게 되고, 세상은 자신이 원하고 필요한 것으로 채워졌다는 믿음을 갖게 된다(Winnicott, 1947).

---

11 illusion은 환상(fantasy)나 환각(hallucination)으로 번역되었지만 이 책에서는 착각이라고 번역할 것이다. 부정적인 뜻보다는 현실을 잘못 생각하고 있다는 뜻이다. 환상과 환각과 차별화되어야 한다는 의미에서 착각이라는 단어를 채택했다.

이런 경험이 누적되면, 아기는 자신이 전능한 존재이며 모든 창조의 근원이라고 여긴다(Greenberg & Mitchell, 1983). 갓난아기 시절, 아기는 이런 전능감을 충분히 경험할 수 있어야 한다. 아기는 얼마 동안 환상과 착각 속에서 사는 것이 바람직하다. 왜냐하면 아기에게 현실은 모욕적이라서 전능착각이 아기를 보호해야 하기 때문이다(Hermandez & Giannakoulas, 2001). 그래서 전능착각은 존재의 기반이 된다(Usuelli Kluzer, 2001).

이때 어머니가 아기에게 곧장 해주지 않고 제시하는 것이 중요하다. 졸린 아기를 깨워 놀아 줄 필요도 없고, 배고프지 않은 아기에게 억지로 먹일 필요도 없다. 아직 흥미가 없는 아기에게 뭔가를 줄 필요도 없고, 그저 제시하는 것으로 충분하다. 그러나 불안한 어머니는 아기가 달라고 요구하기도 전에 뭔가를 해주면서 아기가 창조할 기회를 뺏는다(가요한, 문은영, 2022). 호기심과 자발성이 손상된 아기는 자신이 무엇을 좋아하는지 알기 어려워 스스로 좋아하는 것을 찾아 나설 수 없다.

전능감이라는 자기만의 세상에 있는 동안, 아기가 전능감을 충분히 경험할 수 있고 아기의 전능감이 손상되지 않게끔 어머니는 아기를 현실로부터 지켜줘야 한다. 그러면 아기는 큰 충격 없이 자신이 더 이상 전능하지 않다는 사실을 받아들인다. 그러면서 전능감은 모험심으로 발달한다(Greenberg & Mitchell, 1983). 전능감 덕분에 현실을 감당할 수 있고, 자신만의 삶을 살 수 있다.

전능감은 장차 자존감의 기초가 된다. 전능 착각 경험이 부족한 경우, 아기는 자존감이 낮아 자신이 무가치하다고 여긴다. 전능감이라는 환상이 무너지면 현실이 그대로 아기를 침범한다. 그래서 아기는 세상이 나쁜 것으로 가득 차 있다고 느낀다. 현실을 일찍 알아버린 아이는 창조성과 더불어 아이다움도 잃어버린다. 철이 빨리 든 아이는 조숙한 것이 아니라 그저 아이가 누려야 할 것을 박탈당한 것이다. 아기 시절 아이다움을 충분히 누린다는 것은 인생의 기초공사를 단단히 했다는 뜻이다. 기초공사가 부실한 사람은 어른으로 살 수가 없다철들 수가 없다. 위니컷은 전능성과 무관한 외상trauma 은 없다고 했다.

창조성을 잃어버리면 세상에 자신을 맞추느라 자신만의 삶을 누릴 수 없다. 그래서 삶이 지루하고 따분하다. 창조성이 살아있으면 삶을 재미있고 풍요롭게 꾸릴 수 있다(Greenberg & Mitchell, 1983).

2. 침범과 상처 impingement & Trauma

트라우마는 이렇게 만들어진다

프로이트가 욕구 충족의 박탈과 실패가 상처를 만든다고 본 것과는 달리 위니컷은 아기가 '생각지도 못한 불안unthinkable anxiety '이 일어나 감당할 수 없을 때 상처가 생긴다고 보았다.

멸절불안이라고도 하는 '생각할 수 없는 불안'이란, 아이 스스로는 그 감정이 정확하게 무엇인지 알 수 없고 불안이 왜 생기는지 이해가 전혀

되지 않은 것을 말한다(가요한, 문은정, 2022).

위니컷은 아기의 능력을 넘어서는 것 그래서 아기가 감당할 수 없는 것은 모두 침범이라고 하였다. 예를 들어 어머니의 일관성 없는 양육으로 아기가 도무지 예측할 수 없는 경우, 큰 소음, 아기의 머리를 받쳐주지 않는 것, 아기를 방치하는 것 등 아기가 감당하기 벅찬 것은 모두 침범에 해당한다. 아직 자아가 취약한 아기는 침범을 방어할 수 없다. 이런 침범은 아기에게 상상할 수 없을 정도로 강렬한 고통이 된다(Winnicott, 1965).

구강기 욕구가 얼마나 잘 충족되었는가는 그다지 중요하지 않다. 그보다 더 중요한 것은 아기의 자아가 보호되는지 그리고 아기가 현실을 감당할 수 있는지다. 공생관계가 끝났음에도 여전히 어머니가 아이의 마음을 읽고, 아이가 원하기도 전에 모든 것을 다 해주는 어머니는 마녀 같은 나쁜 어머니다. '너무 좋은 어머니' '이만하면 충분한 어머니'의 대비되는 말 는 침범이 될 수 있다. 자기애적인 어머니는 아기보다 자신의 욕구가 먼저라서, 아기의 욕구나 상태를 살피지 않는다. 어머니가 아기의 욕구를 미리 파악하고, 아기가 요구하기도 전에 다해준다. 어머니 마음대로 하는 행동들은 아기에게 '생각할 수 없는 불안'이 된다(Winnicott, 1962).

융의 이론에는 침범과 비슷한 개념-강간 원형과 매춘부 원형-이 있다. 이 원형들은 공격자와 희생자라는 한 쌍이 되어 작동하는 경우가 많다. 성폭력을 당하거나, 강압적으로 성관계를 강요당하는 경우뿐만 아니라 자신이 어떻게 할 수 없는 상황에서 무기력하게 당했을 때, 자신은 원하지 않지만 벗어날 도리가 없어서 일방적으로 상대에게 맞춰 살 때도 이 두 원형은 작동된다. 이혼하고 싶어도 경제적인 형편 때문에 할 수 없이 사는 것이 그 예다(Northrup, 1998). 자녀의 신체적·심리적 경계를 함부로 침범하는 어머니와 어머니에게 어쩔 수 없이 경계를 매번 침범당하는 자녀 역시 두 원형에 사로잡힌 경우다. 마치 성폭력을 당한 것처럼 자녀의 자아가 위태로워지는 상황이다

생각할 수 없는 불안은 다양한 형태로 어려움을 나타낸다.

1) 유리가 깨져 박살 나듯, 자기가 산산조각이 나 없어지는 느낌
2) 끝없이 _{영원히} 떨어지는 느낌
3) 몸에 정신이 담기지 않아 몸과 마음이 따로 분리된 느낌
4) 방향 감각, 현실감의 상실 (Winnicott, 1962)
5) 완전히 혼자가 되어 누구와도 의사소통할 수 없는 고립감(Winnicott, 1968)

어렸을 때 떨어지는 꿈을 성인기에 다시 꾸는 경우가 종종 있다. 어릴 때는 어려움을 감당하기 어려워 표현조차 못하다가, 자아가 자라서 어려움을 다룰 수 있을 정도로 힘이 생기면 그제서야 꿈으로 표현되는 것이다.

아기를 생각할 수 없는 침범 불안에서 지키려면, 어머니가 아기 처지에서 이해하고, 아기의 욕구가 무엇인지 알아야 한다. 어머니의 미숙하고 미흡한 반응도 침범이 되고, 어머니의 과다한 행동 역시 침범이 된다.

어머니가 통합을 이루지 못한 경우, 어머니는 홀로 있을 수 없다. 어머니는 늘 어떤 자극이 필요하다. 그래서 어머니는 아기를 흔들고 어른다. 어머니는 아기와 놀아주려는 것이 아니라 아기에게서 자극을 얻으려는 것이다. 아기는 어머니의 이기적인 욕구 충족에 이용당했다. 충분히 자기애를 경험해야 하는 어린 시절에 주인공이 되어 본 적 없는 어머니는, 세상에서 가장 만만한 자녀에게 어머니의 욕구를 채워달라고 요구한다.

초등학교 입학 때 자녀가 입학하는 것인지, 어머니가 입학하는 것인지 헷갈릴 때가 있다. 어머니가 아이보다 더 설렌다. 어머니가 나서서 학용품을 사고 책가방을 산다. 어머니가 자녀 대신 주인공이 되는 장면이다. 이런 무의식의 흐름을 어머니는 자각하지 못하고 자신은 자녀에게 헌신적인 어머니라고 여긴다. 자녀에게는 어머니의 이런 자극이 감당하기 어렵다. 위니컷은 이런 침범은 치료가 어려울 만큼 아이에게 큰 상처가 된다고 하였다.

절대의존기의 안아주기는 평생 긍정적 안정감과 구심점 역할을 하며 자아전능감의 원천이 된다. 어머니가 안아주면 아기의 '타고난 잠재력' 자체가 그대로 '존재의 연속성'이 된다. '존재'의 반대말은 방어다. 방어는 존재하는 것을 방해하고 멸절시킨다. 그래서 생애 초기 심리적 상처는 존재의 멸절과 관련이 깊다.

---

⑤

절대의존기 부모 역할 4: 반영

인격의 통합을 위해서는 어머니의 안아주기라는 돌봄이 필요하다. 또 몸에 마음이 담기려면 어머니의 섬세한 '다루기'가 있어야 한다. 아기의 환상과 착각을 의미 있게 만들어주는 전능감은 참자기 그리고 창조성이 자라나는 시작점이 된다. 아이가 이 전능감을 경험하려면 어머니의 '반영 mirroring'이라는 돌봄이 필요하다. 만약 어머니의 반영이 없다면 전능 경험이 박탈되고, 결국 거짓자기가 만들어진다.

1. 참자기와 거짓자기의 탄생

참자기는 어디서 오는가? 위니컷(1960)은 타고난 잠재력이 전능 경험을 만나면 참자기가 탄생한다고 보았다. 인간은 처음부터 참자기라는 잠재력을 가지고 태어났다. 처음에 참자기는 싹이 트지 않은 씨앗처럼 아직은 잠재된 에너지 덩어리였다. 잠재력이라는 씨앗이 자라서 모두 꽃을 피우는 것은 아니다. 그 여부는 생애 초기 어머니라는 환경이 씨앗을 어떻게 키우느냐에 달렸다.

잠재된 에너지 덩어리였던 참자기가 전능감을 경험하면 참자기는 드디어 꽃을 피우기 시작한다. 아기가 무언가를 원한다. 바로 그때 아기가 원하는 것이 만들어지면, 아기는 '내가 창조했다'라고 착각한다. 아기가 '착각'하는 바로 그 순간 아기는 전능감을 느낀다. 아기 존재의 핵심인 참자기가 전능감과 창조성이라는 착각을 하는 것이다. '이만하면 충분히 좋은' 어머니가 침범을 막고 아기를 보호해주면 아기는 자기만의 방식과 자기만의 속도대로 잠재력을 발현시켜 참자기라는 꽃을 피운다(Greenberg & Mitchell, 1983). 인생을 참자기로 살면 창조성이 피어나 생기있고 풍부한 삶이 된다(Winnicott, 1960).

반면 참자기가 제대로 발현되지 못하면 참자기를 지키기 위해 거짓자기가 만들어진다(Winnicott, 1960). 일종의 방어 인격인 거짓자기는 권력과 힘을 가진 사람에게 그 사람이 원하는 대로 자신을 맞추면서 만들어진다(Greenberg & Mitchell, 1983). 전적으로 어머니에게 의존해야 하는 아기의 경우 어머니는 엄청난 힘을 가진 사람이다.

거짓자기는 자신의 감정을 깊숙이 숨긴다. 어린 아기 때부터 울지도 않고 떼도 안 쓴다. 자기애가 충만한 아기 시절, 아기는 아기다움을 충분히 누려야 한다. 그러나 거짓자기는 그 시절을 포기하고 어머니에게 양보했다. 거짓자기는 부모가 원하는 대로 공부도 잘하고 사춘기 반항도 없다. 어른이 되어서도 직장에서 열심히 일하고 집에 와서도 착실하다. 착한 아이, 착한 배우자, 착한 부모로 살면서 허튼짓 한번 하지 않는다.

말썽부리지 않고 순응하는 것이 과연 건강한가? 위니컷은 결코 아니라고 했다. 왜냐면 거짓자기가 하는 것이기 때문이다. 거짓자기는 거짓 관계를 만들고, 거짓자기를 마치 진짜 자신이라고 착각하기도 한다.

예 ────

어머니가 너무 무서운 딸이 있었다. 어머니는 별일도 아닌데 윽박지르고 고함을 친다. 어머니가 가차 없이 비난하면 딸은 숨을 쉴 수 없을 정도로 두렵다. 딸의 지상최대 목표는 어머니에게 야단을 듣지 않는 것, 어머니의 신세 한탄과 푸념을 듣지 않는 것이다. 어머니를 달래야 집안이 조용하고 화평하다. 그래서 어머니 눈치를 보고 비위를 맞추며 어머니가 싫어하는 짓을 절대 하지 않는다. 그런 것도 모르고 자기 마음대로 하는 남동생을 보면 화가 머리끝까지 오른다. 그래서 남동생을 다그치고 잔소리를 해댄다. 딸은 어머니에게 맞추느라 거짓자기로 살았다. 자기의 반을 잃은 것 같았고 자기 삶을 어떻게 사는지 몰랐다. 그러다 딸이 결혼해서 아기를 낳았다. 자녀가 어린 아기일 때, 육아에 전념하는 동안 딸은 자기 인생을 영영 잃어버릴 것 같은 위기감이 들었다. 어릴 때는 어머니에게, 나이가 들어서는 자식에게 자기를 다 뺏겨 버린 느낌은 딸에게 '배가 가라앉는 것' 같은 불안으로 다가왔다. 어쨌든 자기 것을 찾고 만들어야 숨을 쉴 것 같았다. 그래서 어린 아기를 다른 사람에게 맡기고 대학원에 진학했다. 남편과 다른 사람들이 극구 말렸지만, 딸의 귀에는 그 말들이 전혀 들리지 않았다. 급기야 밀려드는 대학원 과제와 걸핏하면 아픈 아기로 인해 딸은 어느 것도 제대로 돌아가지 않는 느낌에 좌절하며, 협조할 생각이 없는 남편과 전쟁을 치러야 했다.

어머니의 욕구를 알아채고 맞추느라 아기는 자신의 욕구를 스스로 포기했다. 인생의 주인공은 아기 자신이 아니라 어머니기 때문에, 어머니의 생각이나 느낌을 살피는 것이 더 중요했다. 정작 자신의 감정과 욕구는 뒷전으로 밀려난 채, 자신은 허깨비로 살아간다. 삶의 생생함을 잃어버려 삶이 텅 빈 것 같고 헛헛하다.

2. 어머니의 거울 역할- 참자기가 나오다

아기가 처음 하는 자기표현은 웃음과 옹알이다. 이런 표현은 아기의 참자기가 하는 것이다. 아기는 이것이 자기의 표현인지도 모르고, 이 표현이 무슨 의미인지 알 턱이 없다. 하지만 어머니가 아기의 표현을 읽어주고 반영해 주면 비로소 아기는 그 의미를 알게 된다. 아무 의미 없이 흩어지고 사라지는 아기의 옹알이와 몸짓에 어머니가 의미를 부여하면 아기는 이것이 '나'라는 것을 알게 된다(Winnicott, 1971).

참자기는 '내가 세상의 주인'이라는 느낌을 말한다. 참자기는 어머니의 환호와 기쁨에서 시작된다. 어머니의 반영에서 가장 중요한 요소가 바로 환영과 환호라고 위니컷은 말했다. 어머니가 보내는 찬탄은 아기에게 '너란 존재는 너무 귀하다, 너의 인생을 축복한다'라는 메시지가 되면서 아기 인격의 핵심이 된다.

아기의 몸짓에 열렬한 환영과 기쁨으로 반영하는 어머니를 보며 아기는 흥분하며 환희를 경험한다. 이 흥분과 환희는 아기 인격의 핵심이 된다. 이것은 생애 최초로 경험한 절정감인데, 지고지순한 신을 만나는 황홀경과 비슷하다. 이런 느낌은 장차 충만한 삶을 위한 생동감이 되고, 삶을 통합하는 아교 역할을 한다(Winnicott, 1960).

이런 경험은 '나는 나다'라는 통합을 촉진하고, 나아가 '나는 뭔가를 할 수 있다, 나는 뭔가를 창조할 수 있다'라는 창조성으로 발전한다(Winnicott, 1960).

3. 참자기 대신 거짓자기가 활개치다

'이만하면 충분히 좋은' 어머니는 아기의 전능감을 채워주고 아기의 경험을 의미 있게 만든다(Winnicott, 1960). 또 어머니의 좋은 돌봄은 참자기에 힘을 실어 준다.

'이만하면 충분히 좋은 어머니'의 정반대의 예로 자기애적인 어머니를 들 수 있다. 이 어머니는 자기 욕구 채우기에 급급한 나머지, 아기에게 거울 역할은커녕 거꾸로 아기에게 어머니 욕구를 들어달라고 조른다. 어머니의 재촉에 아기는 자신의 욕구를 포기한 채 어머니에게 맞추기 시작한다. 그러면서 아기는 홀로 있을 수 있는 공간을 잃어버리고(Greenberg & Mitchell, 1983), 거짓자기가 된다. 아기의 거짓자기는 아기 욕구를 읽지도, 들어주지도 못하는 어머니의 무능력 때문에 만들어진 것이다(Davis & Wallbridge, 1991).

거짓자기의 이야기는 재미가 없다. 거짓자기는 자기 말을 할 줄 몰라, 모범 답안같이 지루하고 뻔한 말만 한다. 거짓자기는 부모 역할도 거짓으로 한다. 어릴 때 존재의 연속성을 경험하지 못한 부모는 의무감과 역할로 자녀를 대한다. 거짓자기로 살면 에너지가 빨리 고갈되어 쉽게 지치고 삶이 시들시들하다. 아무리 피곤하고 지쳐도 부모는 의무감으로 자녀를 돌본다. 고단한 부모를 보며 자녀는 부모에게 미안하다. 자신이 부담스럽고 짐스러운 존재인 것 같다. 그리고 삶은 고되고 힘든 것이라고 자녀의 마음속에 각인된다. 양육이 숙제 같은 부모는 아이에게 해 줘야 할 것에만 몰두한 나머지, 아기의 '비통합 상태' 같은 것을 고려할 여유가 없다. 또한, 아기의 몸짓에 반응하고, 아기의 인격을 존중하는 '이만하면 충분히 좋은 어머니'는 언감생심이다. 이렇게 된 이유는 부모 역시 안아주기 경험이 부족했고, 참자기로 살기에는 삶이 녹록지 않았기 때문이다.

'자신이 누군지 모르겠다'는 고민은 어린 시절 거울이 없었다는 것을 의미한다. 어머니라는 거울이 있어야 자신을 볼 수 있고 자신을 발견할 수 있다. 거울이 없으면 타인을 통해서만 자신을 볼 수 있다. 그래서 타인이 자신을 어떻게 보는지, 타인의 평가에 전전긍긍한다. 거짓자기는 병적으로 다른 사람에게 집착하고 의존하며 인정받으려 한다. 또 반영이 없으면 자아가 제대로 정립되기 어려워, '내가 누군가'라는 존재에 관한 의문이 자꾸만 든다. 그래서 쉽게 불안해지고 무기력해진다.

어머니의 반영이 없으면 아기는 크게 낙담하고 좌절한다. 참자기의 생생함은 빛을 잃고 침울해진다. 불행은 바로 이때부터 시작된다. 창조성이 힘을 잃어버리면, 현실을 외면하고 공상에 빠져 자기 삶을 상상 속에서 만든다. 혹은 패러글라이딩이나 스카이다이빙처럼 위험한 행동을 좇는데, 짜릿짜릿하고도 강렬한 자극이 있어야 살아있다는 것을 느낄 수 있다. 또는 술이나 마약, 쇼핑 등등 여러 가지에 중독되면서 자신이 살아있음을 확인한다. 이런 행동들은 모두 삶의 생생함을 확인하려는 엉뚱하고도 적절치 못한 방식이다.

읽어보기

중독

고전적인 정신분석에서 중독을 대표적인 구강기 문제로 본다. 구강기 문제는 가장 적나라하고 원초적이다. 구강기 공격성 역시 물어뜯고 삼키고 잡아먹는 것처럼 잔인하고 끔찍하다. 가장 원시적이고 잔인한 공격성이다. 그래서 중독같이 가장 심각하고 극단적으로 의존적인 증상을 구강기 문제라고 한다. 인생을 파멸시키는 나쁜 대상인 것을 뻔히 알면서도 빠져나올 수 없는 것을 중독이라 부른다.

중독에 빠진 사람들은 대체로 감정이 무디고 메말라 있다. 그리고 자신의 감정을 알아채지 못하거나 부인하는 경향이 있다. 그래서 자신의 감정을 돌보기 어렵다. 이것은 중독이 싹트기 좋은 조건이 된다. 이들은 중독에 빠져있을 때만 생기가 돌고 살아있는 느낌이 들기 때문이다.

중독에 빠지는 경우, 대개 관계에 심각한 문제가 있다. 대표적인 것이 어린 시절 어머니의 부재다. 어머니가 없다는 것은 어머니의 생존 같은 물리적인 것을 의미하지 않는다. 어머니가 다른 곳에 마음을 빼앗겨 버린 상태가 바로 어머니의 부재다. 어머니가 아기에게 집중할 수 없는 상황이 되면, 아기는 자동으로 소외되고, 아기가 자라서는 자기 스스로 자신을 소외시킨다. 그래서 부모가 중독인 자녀의 경우 장차 중독에 빠지거나 중독에 취약한 사람과 결혼할 가능성이 높다(Bradshow, 1988).

중독과 관련된 감정은 수치심이다. 수치심은 부모로부터 버림받은 느낌에서 비롯된다. 수치심은 '당신에게 버림받은 나 자신이 무슨 가치가 있겠는가, 당신에게 나는 어떤 존재이고, 어떤 의미인지 모르겠다'라는 감정이다.

버림받았다는 감정은 다음과 같은 과정을 통해 만들어진다. 첫째, 알코올 중독 부모는 술이 영혼과 육체를 점령하여 맨정신일 때가 없다. 자녀는 술에 부모를 빼앗겼다. 술에 절어 있는 부모는 자녀에게 관심을 주거나 돌볼 시간과 에너지가 없다. 그래서 자녀는 버려진 느낌이 든다.

둘째, 아버지가 알코올중독자면 어머니는 아버지에게 중독된 관계중독자다. 관계중독이란 상대가 나쁜 사람이고 자신을 불행하게 만드는 사람이란 것을 뻔히 알면서도 그 사람을 떠나지 못하고 집착하는 것을 말한다. 부모 모두 중독에 빠지면, 결국 자녀를 돌볼 수가 없다.

셋째, 중독된 부모는 자녀를 신체적·성적·정서적으로 학대하기 쉽다. 학대는 심리적 유기 상황을 만든다.

넷째, 중독에 빠진 부모는 직장과 가정에서 역할을 제대로 하지 못하는 자신이 수치스럽다. 부모의 수치심은 자녀의 잘못된 행동에 투사된다. 부모는 자녀에게 불같이 화를 내는데, 부모는 이것을 훈육이라고 자위한다. 수치심은 자녀에게 전수되고, 수치심을 가진 자녀는 자신을 지나치게 비난하고 힐책하면서 다시 강박적이고 중독적인 행동에 빠진다(Bradshow, 1988).

중독은 또 다른 중독을 부를 수 있다. 근본적인 수치심과 관계 패턴을 다루지 않고, 중독 행동만 없애려는 것은 소용없는 일이다. 정신이 건강한지를 가늠하는 두 가지 기준이 있다. 바로 자아 상태와 관계 양상인데, 얼마나 감정 조절을 잘하는지(자아), 관계를 얼마나 잘 맺는지(관계)를 보면 알 수 있다. 수치심이 깊은 중독자들은 관계를 제대로 유지할 수 없다. 그래서 그들은 괴롭다. 중독은 위로받기 위해 하는 행동이다. 버림받음과 수치심으로 인한 외로움과 공허감을 느끼지 않으려고 주의를 다른 데로 돌리는 것이 중독이다.

종교에도 중독될 수 있다. 독실한 신자인 어머니는 원하는 일이나 소망을 간절히 기도하면서 가족들에게 넌지시 어머니의 뜻을 알린다. 어머니는 고통을 주신 주님께 감사드린다. 고통을 허락하신 것을 보면 주님은 어머니를 극진히 사랑하심이 분명하다. 자녀에게 어려운 일이 생기면 어머니는 성경 말씀을 인용하며 기도하고 위로했다. 어머니는 하나님 자녀라는 '선함'에 중독되었고, 선한 이미지 뒤로 외로움, 실망, 슬픔, 분노 같은 감정을 죄다 숨겼다. 자녀들은 어머니를 성자라고 부르면서 어머니에게 의존했고 어머니처럼 종교에 중독되었다. 주님의 품 안에 모든 감정이 해결된다고 믿는 것은 인간으로서 감정을 느끼지 않아도 되고, 현실을 직시하지 않아도 되는 이점이 있다(Bradshow, 1988).

참자기로만 세상을 살 수는 없다. 세상을 만날 때는 거짓자기가 되어야 할 때가 종종 있다. 중요한 점은 참자기가 자기의 중심에 자리 잡고 있는지 아니면 자기의 주변 언저리에 있는지다. 비교적 건강한 거짓자기는 '예의'라는 꼴로 표현되는데, 이것은 일종의 사회적응 능력이고 세상과의 타협이다. 위니컷은 이것 역시 성취라고 보았다. 그러나 결정적인 순간에는 세상과의 타협은 용납될 수 없다. 중요한 타이밍에는 참자기가 거짓자기의 순응을 이겨야 한다. 거짓자기가 득세한 집단에서 가장 두렵고 공격적인 말은 바로 '나는 ~이다'라는 자기주장이다. 가장 중요한 시기에 참자기로 자기주장을 하지 못하는 사람은 사회구성원이 될 자격이 없다고 위니컷은 주장한다(Winnicott, 1960).

4. 똑똑한 것도 거짓자기

아기가 자라면서 신체 기능은 점점 정교해지고, 아기의 환상은 이제 창조적인 상상력과 놀이로 발전한다. 이 과정은 모두 전능성을 기초로 이루어진다. 사고 역시 창조적 상상력의 한 부분부터 발달하기 시작한다 (Winnicott, 1965).

아기는 어머니의 눈 속에 있는 자기 자신을 보면서 look into 자기를 만들어 간다. 이때 어머니의 눈은 아기 자신을 비추는 거울이 된다. 만약 어머니의 거울 역할에 오류가 나면, 아기는 어머니 눈 안에 비친 자기 모습을 보지 못하고, 대신 어머니의 실제 얼굴과 현실을 보게 된다 look at. 모욕적인 현실로부터 어머니가 아기를 보호해주지 못하면, 아기는 현실을 고스란히 마주할 수밖에 없다. 가혹한 현실 앞에 아기의 전능성은 훼손되고,

참자기는 설 자리를 잃는다. 참자기를 보호하기 위해 거짓자기가 출현하면, 아기는 철이 든 것처럼 보여 기특하다는 인정을 받지만, 아기의 성장에는 문제가 발생하기 시작한다(Caldwell & Joyce, 2011). 그 대표적인 예가 바로 똑똑한 아이다.

태어난 첫 해 아기는 사고하거나 사고 능력[12]을 발달시킬 필요가 없다. 왜냐면 어머니가 아기를 대신하여 사고를 해주기 때문이다. 여기서 사고를 한다는 의미는 살아남기 위해 현실을 파악하거나 궁리한다는 뜻이다.

아기가 자라면서 아기의 욕구를 정확하게 읽어주는 어머니 역할은 점점 줄어들어야 하고, 마침내 어느 시점이 되면 그 역할은 중단되어야 한다. 왜냐면 아기의 사고 능력이 발달하면서 이제 아기 스스로 사고하고 해결해야 하기 때문이다(Winnicott, 1965).

생애 초기 공생관계에서, 아기는 어머니의 돌봄 덕분에 자신의 생존에 대한 걱정이 없어야 한다. 그러나 어머니의 돌봄에 문제가 생기면, 아기는 스스로 생존하기 위해 일찌감치 사고를 발달시켜야 한다. 머리를 써서 상황을 파악하고 수습책을 마련하여 해결해야 한다. 이런 모습이 어른에게는 마치 아이의 머리가 좋은 것으로 보일 수 있다. 어릴 때부터 똑똑하

---

12 사고는 어떤 것에 의도적으로 집중하는 것으로 지각이나 지능 관련이 있다. 위니컷은 절대 의존기에는 지각보다는 통각을 발달시켜야 한다고 했다. 통각은 전체로서 자신이 느끼는 것, 지각에 비해 보다 모호하고 존재 차원의 느낌을 말한다.

고 영리한 것은 겉모습일 뿐, 결코 아기가 뛰어난 것이 아니다. 그것은 아기가 살아남기 위한 고육지책일 뿐이다(Winnicott, 1965). 아기의 똑똑함은 어머니의 돌봄 실패로 아기가 스스로 생존하기 위해 만들어낸 거짓자기다. 똑똑한 거짓자기는 환경이 열악하거나 어머니가 건강하지 않음을 의미한다.

이렇게 아기의 똑똑함은 어머니 돌봄을 대신하여 스스로 자신을 돌보는 능력 care taking self 이 된다. 어머니는 아기의 가짜 능력을 어머니 마음대로 해석하고, 심지어는 어머니 욕구 충족을 위해 아기의 똑똑함을 이용하기도 한다. 철이 일찍 든 아기는 어머니를 이해하면서 어머니를 돌보는 '어머니의 어머니' 노릇을 한다(Winnicott, 1965). 이런 가짜 똑똑함은 그리 오래가지 못하는데, 대개 사춘기에 밑천이 드러난다. 아이의 성적이 나락으로 추락하면서, 똑똑하고 영리한 아기의 이미지가 깨지기 시작한다. 거짓자기에 속아 똑똑하다는 자부심으로 지금껏 살아온 아이는 당황스럽고 충격적이다. 그렇다 하더라도 사춘기에 거짓자기가 탄로 나는 것은 다행스런 일이라고 위니컷은 보았다.

극단적으로 거짓자기를 감당하기 힘든 참자기는 신체화 증상으로 어려움을 표현한다. 그러나 이것마저도 여의치 않으면 결국 병리적인 거짓자기가 되어 평생을 살아가게 된다(Winnicott, 1949, 1960).

공격성 안에 창조성의 씨앗이 있다

앞에서 우리는 아기의 몸짓을 환영하는 어머니의 거울 역할에서 참자기가 나온다는 것을 보았다. 참자기에 중요한 요소가 하나 더 있는데 그것이 바로 공격성이다.

1. 공격성이란 녀석의 정체

위니컷은 죽음욕동 역시 프로이트와 차별되는 자신만의 관점으로 다루었다. 공격성을 욕구 좌절의 결과로 본 프로이트와 달리, 위니컷은 공격성을 원래부터 타고난 것으로 보았다. 욕구 좌절과는 아무런 상관이 없다는 것이다. 아기의 공격성은 아기가 어머니 배 속에 있을 때 발길질하는 것에서 처음 볼 수 있다. 어머니의 몸과 마음이 편하면, 아기는 어머니 배 속에서 잘 논다. 아기가 두 발을 차면서 놀 때 어머니는 아기가 무척 신났다는 걸 안다. 아기의 발길질은 위험하거나 잘못된 것이 아니라 매우 자연스러운 것이다. 이처럼 태아 때 공격성은 활동성과 같은 의미이다. 발버둥 치는 것, 뻗대는 것, 떼를 쓰며 우는 것, 등을 활처럼 뒤로 제치는 것 등은 모두 공격성을 표현하는 것이다.

그뿐만 아니라 사랑하고 좋을 때도 공격성이 나온다. 젖을 먹으며 기분이 한껏 좋아진 아기는 흥분한 나머지 어머니 젖을 깨문다. 어머니와 놀면서 신이 난 아기는 뽀뽀하면서 어머니 뺨을 깨문다. 이렇게 사랑에는 공격성이 함께 붙어 있다. 공격성이 있어야 사랑도 벅차고 열정적으로 표현할 수 있다.

아기가 어머니의 젖을 깨물 때, 어머니의 반응은 매우 중요하다. 즉 아기의 공격성에 어머니가 어떻게 반응하느냐가 관건이 된다. 아기가 젖을 꽉 깨물면, 어머니는 화들짝 놀라 소리를 지르고 아기의 엉덩이를 때린다. 어머니의 비명과 한방의 궁둥짝에 아기는 깜짝 놀란다. 신나게 까불던 아기에게는 날벼락이다. 이 순간은 아기의 인생을 가르는 너무나도 중요한 지점이 된다. 아기의 공격성이 사랑과 통합되어 창조성으로 이어지느냐, 아니면 참자기가 무참히 공격성에 짓밟혀 거짓자기로 사느냐가 결정되기 때문이다. 호되게 분노하며 보복하는 어머니를 보며 아기는 자신의 공격성이 매우 위험한 것이라고 여긴다. 그러면서 공격성을 자기 안에 꼭꼭 숨기기로 작정한다. 공격성 안에는 창조성이라는 소중한 보물이 있다. 공격성을 감추는 순간, 창조성도 덩달아 빛을 잃고 삶의 생동감도 사라진다.

사실 아기의 공격이 아무리 심하다 해도, 그래 봤자 아기 수준이다. 태중에서 아기 발길질은 신나는 것이지 위험한 것이 아닌 것처럼, 설령 아기가 상처를 주고 아프게 해도 어른을 위협할 만큼 커다란 해가 되지 않는다. 만일 어머니가 젖을 깨물릴까 하는 두려움과 걱정에 사로잡혀 있다면 그것은 어머니 자신의 공격성에 대한 환상 탓이다.

2. 사랑에는 이빨이 있다

아기가 울며 떼를 쓰고 발버둥을 치는 것은 지극히 당연한 일이다. 그것은 생애 초기 아기가 누려야 할 특권이기도 하다. 이때 어머니는 반드시 아기의 공격성에서 살아남아야 한다 survive고 위니컷은 강조했다. 여기서 살아남는다는 것은 보복하지 않는다는 뜻이다. 어머니가 아파하고 참는 것을 보면서, 아기는 함부로 공격성을 사용하면 위험하다는 것과 공격성은 조절해야 한다는 것을 배운다. 이때가 바로 아기의 자제력과 통제력이 발달하는 시점이다. 어머니에 대한 미안함과 죄책감은 장차 도덕성으로 자라날 씨앗이 된다.

아기의 공격성에서 어머니가 살아남으면, 공격성은 이제 아기의 인격에 통합될 수 있다. 공격성이 빠진 사랑은 사랑이 아니다. 자신의 공격성을 믿을 수 있고, 사용할 수 있어야 '찐' 관계가 될 수 있다. 설령 상대방을 불편하게 만든다 해도, 서로의 사랑과 갈등을 해결할 수 있다는 믿음이 있어야 한다. 공격성을 품은 사랑이야말로 진정한 사랑이라고 위니컷은 강조했다. 어머니가 살아남을 수 있을 때 아기는 어머니를 마음껏 사랑할 수 있다.

사랑과 공격성은 나중에 성관계에 지대한 영향을 미친다. 성관계에는 신체의 흥분과 함께 공격성이 동반되기 마련이다. 이때 공격성을 허용할 수 있어야 강렬한 느낌과 쾌감을 즐길 수 있다. 만약 위험하다고 공격성을 억압하면, 성관계에서의 즐거움과 흥분을 만끽하기가 어렵다. 공격성을 다룰 줄 몰라 공격성을 억누르고 그 상황에서 벗어나려고 하는 것이 바로 조루나 불감증이다. 공격성이 빠진 사랑은 사랑을 표현할 수도 없고, 사랑의 기쁨을 누릴 수도 없다.

사랑에는 이빨이 있다. 이빨이 없는 사랑은 진정한 사랑이라 말할 수 없다. 그래서 위니컷은 사랑할 때도 증오할 때도 모두 공격성이 있다고 했다. 아이는 화가 나면 "집을 다 불태울 거야", "찢어 죽일 거야"라며 누구도 가르쳐 주지도 않은 잔인한 말을 거침없이 해댄다. 유독 좋아하는 아이를 골리고 울리고 때린다. 어머니의 사랑을 얻기 위해 아이는 거짓말을 하고, 옆집 꽃을 몰래 꺾어 어머니에게 선물하기도 한다. 이처럼 공격성은 타고난 것이고 자연스러운 것이다. 또 인간이 살아가려면 사랑과 증오라는 두 가지 요소가 모두 필요하다(Winnicott, 1939).

어머니가 아이의 공격성을 두려워하지 않는 것, 그리고 어머니가 견디고 살아남는 것은 매우 중요하다. 이런 경험을 통해 아기는 자신이 공격하고 파괴해도 어머니가 쉽게 무너지거나 망가지지 않는다는 것을 배운다. 그리고 아기는 자신이 파괴한 것을 다시 되돌리고 회복시킬 수 있다는 믿음을 가져야 한다. 이 두 가지 요소가 있어야 비로소 아기는 자신의 공격성과 파괴 충동을 다룰 수 있다.

3. 공격성을 잃어버리면

만약 이런 과정에 오류가 나면, 불행한 결과 두 가지를 초래할 것이라고 위니컷은 보았다. 첫째, 스스로 자신의 공격성을 수용하지 못하면 공격성은 인격에 통합되지 못하고 억압된다. 그러면 통제력과 조절하는 힘을 갖출 수가 없다. 결국 공격성은 무의식에서 잔인하고 무자비한 괴물이 되어 버린다. 무의식의 괴물에 압도당한 아이는 난폭하고 반사회적인 성향이 될 가능성이 있다.

둘째, 무기력한 거짓자기가 출현한다. 어머니에게 청천벽력 같은 보복을 당한 아기의 공격성과 참자기는 힘을 잃고 숨어 버린다. 이때 거짓자기가 만들어지는데, 아기는 말 잘 듣고 유순하게 살기로 작정한다. 내면 깊숙이 공격성을 숨긴 채 착한 척하며, 겉으로만 그럴싸한 가짜 인생을 사는데, 이것은 잠재력을 꽃피울 기회를 잃어버리는 비극적인 순간이다.

어머니의 버팀이라는 사랑으로, 인격에 통합된 공격성은 이제 파괴를 일삼는 골치 아픈 녀석이 아니다. 참자기가 자기주장을 할 수 있게 힘을 실어 주고 참자기를 지키는 든든한 녀석이 되었다. 반대로 공격성을 잃어버리면, 자기주장을 할 수 있는 용기와 힘이 달리고 그 결과 자존감이 낮아진다. 거짓자기는 억지로 세상에 자신의 인생을 맞추라고 협박한다. 거짓자기 때문에 위험한 상황은 피할 수 있는지 몰라도, 자신만의 삶을 살기는 글렀다. 그래서 삶이 따분하고 재미없고 지겹다. 때로는 위선적인 자기 모습을 타인에게 투사하여 타인의 선^善을 의심하고 폄훼하는 고약한 상황을 연출하기도 한다.

아기의 공격성은 생명력의 표현이고 힘이며, 에너지의 원천이다. 공격성은 생존을 위해 반드시 필요하다. 그러려면 어머니가 허용적이고 안전한 환경 holding 을 만들어줘야 한다. 안전한 환경이란 아기가 맘껏 떼도 쓰고 공격성을 무자비하게 표현할 수 있어서, 참자기가 살 수 있는 환경을 말한다. 이런 환경 덕분에 아기는 튼튼한 인격을 갖출 수 있다.

> 생각해보기
> '진짜 착하다'는 것은 어떤 뜻일까?

4. 공격성을 꽃피우려면

공격성은 관계를 망가뜨리고, 일을 곤궁에 처하게 하며, 인간의 마음을 다치게 만든다. 어머니가 아기의 공격성을 버틴다 해도 그것은 아기 시절의 이야기일 뿐, 커가면서 보여주는 아이의 대책 없는 공격성을 부모가 어떻게 견디고 버텨야 하는가? 위니컷은 세 가지 대안을 다음과 같이 제안했다.

대안을 제시하기 전에 가장 먼저 요구되는 것은 인격에 공격성을 통합시킨 어머니여야 이런 대안이 실현될 수 있다는 점이다. 통합에 실패한 어머니는 아이의 공격성을 보면 두려움부터 먼저 올라온다. 공격성의 뿌리를 송두리째 뽑아야 할 것 같아 불안하다. 그러면 아이의 공격성을 허용할 수도, 다룰 수도 없다.

첫 번째 방법: 정당하고 성숙한 방식으로 표현하기

뛰고 달리는 활동이나, 복싱이나 격투기 같은 공격성을 발산하는 운동이 대안이다. 시합이나 게임, 학업같이 공격성을 정당하게 경쟁하는 데 사용하는 것은 매우 성숙한 방식이다.

두 번째 방법: 놀이

위니컷은 공격성을 효과적으로 다룰 수 있는 좋은 방법 중 하나가 '놀이'라고 주장하면서 놀이의 중요성을 강조했다.

어머니가 잠시 보이지 않으면 아기는 매우 불안해진다. 아기는 불안을 견디고 달래기 위해 중간대상[13] Transitional Object 을 만드는데, 이것은 아기의 생후 6개월 즈음 생기는 상징 능력 때문에 가능하다. 상상력으로 마음속에 어머니 이미지를 만들어, 어머니가 없어도 아기는 곁에 어머니가 있다고 자신을 달랜다. 이때 어머니처럼 위로와 안정감을 주는 장난감이나 애착하는 물건이 중간대상으로 등장한다. 공갈 젖꼭지를 빨면서, 부드러운 인형이나 담요를 껴안으면서 옹알이나, 노래를 부르면서 아기는 자신의 불안을 달래고 견딘다. 위니컷은 중간대상을 매우 역설적인 개념이라고 했다. 중간대상은 어머니이자 아기 자신이고, 또 안에 있는 존재이기도 하며 밖에 있는 존재이기도 하다. 이것이기도 하고 저것이기도 한, 중간 어디

---

13 중간대상이 만들어지는 과정을 위니컷은 중간현상이라고 했다. 중간은 과도기라고도 번역되는데, 위니컷은 중간이라는 개념이 시간보다는 공간과 더 가깝다고 했다. 그래서 시간을 뜻하는 과도기보다 중간이라는 번역이 더 적절해 보인다.

즈음 있는 것이 중간대상이다. 아기는 중간대상에게 어머니처럼 사랑과 위안을 받기도 하고, 때론 중간대상에게 투정도 부리고 못되게 굴기도 한다.

우리는 종종 외로울 때면 추억이 담긴 물건을 보거나 그때 부르던 노래를 들으며, 그리운 사람을 기억한다. 물건이나 노래가 중간대상이다. 어머니처럼 마음에 위안이 되는 것으로 돈이나 통장이 있다. 통장의 넉넉한 잔고는 어머니만큼 든든한 대상이 될 수 있다. 신 역시 중간대상이 될 수 있다. 돈이든, 신이든 모두 어릴 때 어머니를 투사하기 때문이다. 신에게 자신이 원하는 것을 떼를 쓰며 조르기도 하고, 뜻대로 이루어지지 않을 때는 소용없다고 원망하며 신을 버린다. 그러다 필요하거나 아쉬울 때 다시 신을 찾는다. 아기가 어머니에게 하는 것처럼 말이다.

중간대상이 되려면 어떤 조건을 갖추어야 하는데, 첫째, 어머니처럼 부드럽고 따뜻해야 한다. 둘째, 어머니처럼 아기의 공격성에 부서지지 않고 살아남을 수 있어야 한다. 아기는 전능감으로 중간대상을 창조하고, 중간대상에게 생명력을 불어넣는다. 중간대상을 사 준 사람은 어머니지만, 중간대상에게 생명력과 의미를 불어넣은 것은 아기다. 위니컷은 중간대상을 창조한 사람도 소유자도 모두 아기라고 보았다. 어머니는 중간대상을 더럽다고 마음대로 빨거나 버릴 자격이 없다. 빨아 버리면 고유한 냄새나 촉감을 잃어버려 중간대상의 생명력이 사라져 버린다.

중간대상은 환상이 가득한 상당히 주관적인 영역이다. 본인에게는 살아있는 소중한 것이지만, 다른 사람에겐 별것 아닐 수 있고 때론 혐오스럽고 거부감이 들 수도 있다. 이때 다른 사람의 느낌과 생각은 중요하지 않다. 본인에게 중간대상이 의미가 있는지, 위안이 되는지가 더 중요하다. 아기에게 살아있고 의미가 있는 중간대상은 다른 것으로 대체 불가하다(가요한, 문은정, 2022). 어머니 마음대로 중간대상을 처리하는 것은 아기의 존재연속성[14]을 끊는 행위라고 위니컷은 주장했다.

아기가 점점 자라면서 중간대상은 어떻게 되는가? 중간대상은 영영 잊히거나, 더는 필요 없는가? 위니컷은 중간대상이 잊히거나 사라지는 것이 아니라 다른 것으로 대체되어 옮겨간다고 보았다. 어른이 되어서도 여전히 중간대상은 필요한데, 보다 성숙하고 확장된 형태로 변형된다. 아기일 때 중간대상은 예술이나 문화, 종교로 범위가 넓어지고, 보다 고차원적으로 확대되면서 풍성해진다.

전능감에 문제가 발생하면, 중간대상이라는 자체가 아예 없을 수 있다. 중간대상이 있다 하더라도 놀이가 어려울 수 있다. 어릴 때 놀이를 잃어버린 아이는, 어른이 되어서도 즐길 줄 모르는 무미건조한 삶을 산다. 중간대상은 고차원적이 되고 확장되면서 성장할 필요가 있다. 만약 중간대상이 성장하지 않고 멈춰있다면 문제가 된다고 위니컷은 보았다. 중간대상을 놓지 못하고 집착한다면 그것은 부적 같은 주물 呪物이 된다고 했다.

---

14 존재의 연속성이란 어머니의 헌신적 돌봄으로 아기의 욕구가 채워지는 느낌, '엄마가 여기 있어. 그러니 안심해'라는 든든하고 지속적인 느낌, 그래서 온전히 '나' 자신으로 있을 수 있는 것을 말한다.

위니컷은 놀 줄 아는 아이는 건강하다고 했다. 설령 말을 더듬고, 화를 내거나 짜증을 부리고, 우울증을 앓는 오줌싸개라 하더라도, 그 아이는 문제를 감당할 수 있다. 증세가 있어도 큰 문제 없이 삶을 잘 꾸려나갈 것이다. 놀이는 아이를 건강하게 만든다. 놀이를 통해 세상에서 환영받을 필요한 존재가 될 것이고, 존재 자체로도 충분히 온전한 인간이 될 것이다.

세 번째 방법: 공격성의 한계 설정과 통제

처음 한계 설정은 어머니의 안아주기에서부터 시작된다. 안아주기는 울타리와 공간 역할을 한다. 외부의 침범으로부터 아기를 보호하는 울타리 역할, 울타리 안에서는 허용적이고 자유로운 공간 역할을 한다.

아이가 외디푸스기에 접어들면, 더 강력한 울타리가 필요하다. 두 번째 울타리는 허용과 금지를 명확하게 구분하는 울타리로 아버지가 담당해야 한다. 아버지는 아이에게 공격성이 어디까지 허용되는지, 어디서는 멈춰야 하는지 한계를 그어줘야 한다. 어머니의 울타리가 보호와 안전을 위한 울타리라면, 아버지의 울타리는 어머니 것보다 더 분명하고 튼튼한 울타리다.

아이는 종종 환상 속에서 공격성을 다룬다. 현실과 환상을 구분할 줄 모르는 아이는 집안을 엉망으로 만들고 저지레를 하면서 공격성을 표현한다. 혹은 "내가 다 할 거야, 내 마음대로 할 거야"라고 떼를 쓰며 공격성을 표현한다. 아직 환상에 젖어 있는 아이는 현실에서 무엇을 할 수 있고, 무엇을 할 수 없는지를 가늠할 수가 없다. 왜냐면 환상 안에서는 불가능이 없기 때문이다. 이때 아버지의 단호한 "안 돼!! 하지 마"는 공격성을 환상 영역에서 현실 영역으로 이동시킨다. "뭐든 다 할 거야"라는 아이의 환상은 "안 돼"라고 제지하는 아버지의 울타리로 인해 이제 환상의 영역에서 현실의 영역으로 넘어올 수 있다. 원하는 것을 죄다 들어 달라고 고집을 부리거나, 불가능한 것만 골라서 하는 어른은 어린 시절 울타리가 없어서 아직도 환상 속에 사는 아이인 셈이다. 그러므로 공격성은 환상과 구분되어 현실에서 다루어질 필요가 있다. 공격적인 온라인 게임에 몰입할수록 공격성이 해소되기는커녕 오히려 공격성이 강해지는 이유는 바로 현실에서 다루어지지 않았기 때문이다. 현실을 고려한다는 것은 공격성을 사용할 때 감당해야 하는 몫과 공격성이 초래할 결과를 염두에 둔다는 의미다. 현실에서 다루어질 때, 그때만 공격성은 인격에 통합이 될 수 있다.

어른의 권위와 통제는 아이의 공격성이 울타리를 벗어나지 않도록 예방하는 역할을 한다. 울타리가 있어야 아이는 불안에 떨지 않고 안전하게 울타리 안에서 자신의 나쁨을 즐기고 공격성을 표현할 수 있다. 명확한 울타리가 있어야 아이는 더 자유로울 수 있다는 말이다. 오히려 울타리가 없을 때 아이는 더 불안할 수 있다. 어른들이 맡아야 할 권위를 아이가 대신 떠안으며, 울타리 없이 자라게 하는 것은 매우 곤란하다 (Winnicott, 1939).

아기가 공격성을 표현할 때, 부모가 때리거나 보복하지 않고, 아기의 마음과 사정을 이해해 주는 것이 중요하다. 만약 부모가 아이의 공격성을 받아주지 않고 보복한다면, 부모의 울타리는 더 이상 울타리가 아니라, 그저 아이를 박해하는 경계선일 뿐이다. 부모의 울타리는 액운을 막아주는 금줄이어야 한다. 자녀를 겁주고 옭아매는 겁박이어서는 곤란하다. 반대로 부모가 한계를 정확하게 긋지 않고 아이의 공격성을 방관한다면 그것은 부모가 울타리 역할을 스스로 포기하는 것이라고 위니컷은 보았다.

5. 공격성에서 도덕성이 싹트다

프로이트는 외디푸스기에 자위행위와 근친상간이 사회적으로 금기인 것을 아이가 알게 되면서 죄책감이 생겨난다고 했다. 죄책감은 외디푸스기의 결과물이고, 외디푸스기를 거쳐야 도덕성도 발달한다는 것이 프로이트의 입장이다. 그러나 위니컷은 프로이트와 달리, 아기는 처음부터 죄책감을 가진 채 태어난다고 보았다. 멜라니 클라인에 영향을 받은 위니컷은 가장 강력한 도덕성을 가지고 있을 시기가 바로 아기 시절이라고 했다. 자신의 공격성 때문에 어머니가 아파한다는 것을 알게 된 아기는 스스로를 책망한다. 아기가 공격성에 따른 결과를 책임지려는 것이 바로 죄책감이다.

이때 어머니가 살아남는 것은 매우 중요하다. 아기는 살아남은 대상만이 자신에게 가치 있다고 여기기 때문이다. 위니컷의 설압자 연구가 이를 잘 보여준다. 설압자를 얻은 아기는 설압자를 입에 넣고 침을 흘리며 신나게 논다. 그러다 설압자를 바닥에 떨어뜨린다. 처음에는 실수인 것처럼 보이지만, 실은 아기가 일부러 설압자를 내동댕이친 것이다. 설압자가 깨

지지 않은 것을 확인한 아기는 드디어 설압자를 가지고 놀 수 있는 대상
이라고 인정했다.

자신이 파괴한 것을 재건할 수 있다는 믿음이 있어야 불안에 떨지 않
고 공격성을 표현할 수 있다. 회복에 대한 희망이 있어야 공격성 같은 본
능 충동을 다룰 수 있다. 자신이 파괴하고 망가뜨린 것을 다시 원상복구
할 수 없다면, 두렵고 불안한 나머지 공격성을 사용할 수 없다. '내가 다
시 살려냈다'라는 전능감에서 시작된 회복과 재건은 창조성의 시발점이
되고, 회복에 대한 희망과 믿음은 상처를 치유하는 힘이 된다. 결국, 공격
성이 사랑과 통합되면 공격성은 사랑에 봉사하게 되고, 공격성의 에너지
가 빛을 발하면서 창조성으로 이어진다(Winnicott, 1939).

결국 '착하다'의 진정한 의미는 공격적으로 나쁘게 할 수 있지만 그것
을 조절할 줄 안다는 의미다. 두렵고 겁이 나서 못된 행동을 하지 않는 것
은 공격성을 억압하고 거짓자기로 비겁하게 사는 것이다.

어머니가 아기의 공격성을 참아야 하듯 상담자도 내담자의 증오를 참
아야 한다. 내담자가 거짓자기를 그만두고 참자기를 드러내는 순간은 바
로 내담자가 상담자를 공격할 때다. 이때 상담자 역시 살아남아야 하는
데, 이것은 그리 만만한 것이 아니다. 매우 힘들고 고통스러운 과정이다.
내담자가 자신의 참자기를 드러낼 수 있으려면, 보복하지 않는 안전한 환
경이 담보되어야 한다. 그래서 유능하고 현명한 상담자일수록 내담자의
공격성을 두려워하지 않고 환영하며 존중한다. 상담자 ^{어머니} 가 힘들지만

견뎌준다는 것을 내담자 ^{아이} 가 아는 것은 중요하다. 사랑 안에서 공격성을 경험해야 진정한 내면의 힘을 가질 수 있다.

6. 참자기의 아우성

안으로 숨은 참자기는 어떻게 되는가? 참자기는 쉽게 나올 수 있을 정도로 얕은 것부터 참자기의 존재를 알 수 없을 만큼 깊이 숨어 있는 것까지 다양하다. 너무 깊숙하게 억압되면 참자기는 아예 사라지는 것은 아닌가? 위니컷은 그렇지는 않다고, 참자기는 자신이 출현할 시기를 기다린다고 보았다. 혹독한 겨울처럼 현실이 너무 냉담하고 가혹한 나머지 참자기는 따뜻한 봄이 오기만을 기다린다. 너무 깊이 숨어든 참자기라 하더라도, 희망을 잃지 않는다면 참자기를 만날 수 있다.

인생에서 숨어 있던 참자기가 나오는 특별한 시기가 있다. 위니컷은 중요한 세 시점을 강조했다. 첫 번째 시기는 사춘기로, 반항하고 어긋나기 시작한 청소년에게서 참자기의 주장을 들을 수 있다. 두 번째 시기는 중년기다. 중년기 이전까지는 먹고 사는 것에 열중한 채, 그저 앞만 보고 달렸던 시기였다. 중년기는 자녀 양육이라는 막중한 인생 숙제를 끝내고, 이제는 자신 내면에 귀를 기울이고 돌봐야 하는 시기다. 그래서 중년기는 참자기를 만나기 좋은 시기다. 지금까지 참자기를 외면하고 살아왔다면, 중년기에 터져 나오는 참자기의 주장은 거칠고 사나울 수 있다. 그래서 융은 중년기가 되면 지진이 일어난다고 말했다.

참자기를 만나는 마지막 기회는 바로 죽음을 목전에 두었을 때이다. 청소년기에 이어 중년기에도 참자기를 외면한다면, 이제 게임에서 사용할 카드는 별로 없다. 죽음을 앞두고 벼락치기 하듯 참자기를 만나거나, 아니면 이번 생은 포기하고 다음 생을 기약해야 한다. 참자기로 살아온 노인은 자기 삶이 가치 있다고 인생을 통합하며 마무리할 수 있지만, 거짓자기로 살아 온 경우 사정은 달라진다. 참자기를 도외시한 노인은 자기 삶의 의미를 찾지 못해 공허해진다. 위니컷은 깊이 숨어 있던 참자기가 이젠 시간이 없다는 절박감을 호소하면서 초조함, 편집증, 망각의 형태로 자신의 존재를 드러낸다고 했다.

거짓자기가 모두 부정적인 것은 아니다. 거짓자기에도 긍정적인 기능이 있는데, 환경에 순응하는 역할, 곤란할 때 참자기를 보호하는 것이다. 생각할 수조차 없는 불안이 참자기를 침범할 때 거짓자기는 참자기를 숨겨주거나 참자기가 살 수 있는 방도를 찾아준다(Winnicott, 1960). 거짓자기의 수준은 다양하다. 거짓자기가 얼마나 강한가에 따라 거짓자기의 수준을 나누어 보면 다음과 같다.

첫 번째는 가장 나쁜 경우로, 참자기는 거의 힘을 쓰지 못하고 거짓자기가 극단적으로 병리적인 상태다. 참자기가 인격에서 완전히 분리되어 거짓자기가 그 사람을 대표하는 전체 인격이 되었다. 거짓자기가 거짓 관계를 만든 결과, 진정한 인간관계가 불가능하다. 자신도 거짓자기가 자신인 줄 완벽하게 속고 있다. 하지만 마음이 헛헛하고 내면이 텅 비어 있는 느낌, 자기 삶이 가짜라는 느낌은 어쩔 도리가 없다. 이런 공허감은 자신이 거짓자기로 살고 있다는 증거다. 그러다 어느 날 갑자기 극단적인 선택을 한다. 주변 사람들이 자살의 이유를 전혀 이해할 수 없을 만큼, 마지막까지 완벽하게 세상을 속이며 간다(Winnicott, 1960).

위니컷은 참자기의 와해를 막기 위해서, 스스로가 전체 자기를 파괴했다고 보았다. 참자기가 무참하게 짓밟히면, 거짓자기는 참자기를 보호하기 위해 여러 가지 방어를 기획한다. 방어가 아무런 소용이 없을 때, 모욕과 수모에서 참자기를 보호하기 위해 자살이 감행된다. 참자기를 보호하기 위한 유일한 방어가 자살이기 때문이다(Winnicott, 1960). 이번 생애에 참자기로 사는 것은 포기하고, 다음 생애를 기약한다.

위니컷의 기도

"참자기로 살아야 진정으로 죽을 수 있다.
내가 죽는 순간 부디 진정으로 살아 있게 하소서"

둘째, 한 부분은 거짓자기, 한 부분은 참자기로 삶을 이중적으로 사는 경우다. 이때 거짓자기는 참자기를 보호하고 방어하는 역할을 한다. 표면적으로는 거짓자기로 살고, 참자기는 비밀스럽게 숨기면서 표리부동한 삶을 산다. 낮에는 부모가 원하는, 세상이 좋다고 하는 일을 한다. 하지만 퇴근 후에는 낮과는 매우 다른 모습이 되어, 자신이 정말 하고 싶고 추구하는 삶을 산다.

셋째, 참자기가 조금 더 건강한 경우다. 그렇다고 해서 앞의 두 경우보다 더 안정적이거나 평화롭지는 않다. 힘이 있는 참자기가 주장을 하며 거짓자기와 맞서는 바람에 갈등과 충돌이 있다. 위니컷은 적응/부적응을 정신 건강의 잣대라고 생각하지 않았다. 잘 적응하는 것이 오히려 병리적이라고 보았다. 사춘기 반항도 하지 않고, 공부도 잘하고, 부모가 원하는 대로 성공적인 직업을 가진 자녀는 거짓자기의 대표적인 예다. 이들의 삶에서 방황이란 단어는 없다. 시간 낭비 없이 효율적으로 잘 사는 것처럼 보이지만 결국 거짓자기가 주도하는 삶이었다. 참자기는 거짓자기로 사는 것을 용납할 수 없어 자기 목소리를 내기 시작한다.

어릴 때부터 공부 잘하고 순종적이며 착실한 모범생인 아들은 부모의 소원대로 의사가 되었다. 아들은 부모가 원하는 여성과 결혼했다. 어느 날 모든 재산을 아내에게 다 넘긴 아들은 일요일 예배 후 많은 교회 사람들 앞에서 이혼 선언을 했다. 장로 아버지와 권사 어머니에게는 날벼락이었다. 참자기의 역전승이었다.

넷째, 참자기가 주도권을 쥐는 경우다. 건강한 거짓자기는 사회적 예의, 타협, 사회에 적응하는 능력으로 드러난다. 하지만 결정적인 순간에는 타협이란 있을 수 없다. 참자기로 당당한 자기주장을 해야 한다. 건강한 삶이란 사회적응을 위해 거짓자기가 참자기를 위해 봉사하는 삶이다 (Winnicott, 1960). 위니컷은 참자기만으로는 살 수 없다고 했다. 거짓말을 안 하고 살 수 없는 것처럼 거짓자기 없이는 살 수 없다.

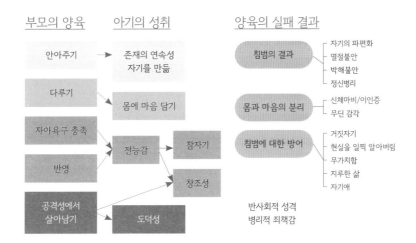

부모의 양육 　아기의 성취 　양육의 실패 결과

<그림5-1> 위니컷의 부모역할과 아기의 심리적 성취

에필로그

어린 시절 부모와의 경험이 한 사람의 인생을 결정한다는 정신분석 이론은 절망스럽다. 특히 부모들에게는 좌절감과 죄책감이 들 정도로 두려운 말들이 가득하다. 그러나 정신분석의 결정론에 반기를 든 학자도 많다. 나 역시 그렇다. 남 탓만 하면서 자신에 관해 자각하지 못하고, 자신의 마음을 깨닫지 못하는 사람에게는 결정론이 딱 들어맞는다. 하지만 끊임없이 자신을 들여다보면서 배우고 연마하는 사람에게는 이 이론은 어떤 부분은 맞고 어떤 부분은 틀렸다. 이 책을 읽는 분들은 후자이길 바라며, 후자에 속하는 분들이 점점 많아지길 간절히 기대해 본다.

첫 장에 나온 의존심을 화두처럼 물음표를 던지며 평생을 염두에 두는 것은 매우 중요하다. 무엇을 채우려 목숨을 걸고 인생을 바치는지, 의존심의 정체를 알려고 애쓴다는 것 자체가 이미 훌륭하다. 물론 이 과정에는 전문가의 도움이 필요하며, 많은 시간과 비용이 들어간다. 하지만 이 과정을 거치고 나면, 변형이 일어나 인생이 단단해지고 많은 것들이 확신으로 채워진다. 특히 부부 관계에서 많은 변화가 일어날 것이라고 믿는다. 사랑과 부부 관계를 다룬 4장은 변화를 원하는 분들을 자극하고 변화를 촉진하기 위해, 더 노골적으로 적나라하게 정성을 기울여 글을 썼다.

생애 초기에 부모가 해 줘야 할 내용을 담은 5장은 비단 어린 자녀를 둔 부모뿐 아니라 모든 이들을 위해 썼다. 설령 어릴 적 부모에게서 이런 대우를 받지 못했다 하더라도 좌절하거나 낙담할 필요가 없다. 이 책에서 하나하나 가르쳐 준 것을 이제 내가 스스로 자신에게 해주면 된다. 또 부부가 서로에게 해주면 더할 나위가 없겠다. 안아주고, 몸을 소중하게 다루어주고, 하루에 한 번씩 감탄과 환호를 해준다면, 그리고 '참자기'가 나오는 순간을 축하해주고 나를 믿고 표현해준 공격성에 감사한다면 분명 인생은 대전환이 일어날 것이다.

정신분석 전문가도 아닌 내가 이 책을 감히 겁도 없이 쓸 수 있었던 것은 지독하게 맵고 독한 변형 과정이 모두 신의 뜻 안에서 일어났다는 것을 믿기 때문이다. 이런 믿음에는 상담과 교육을 통해 완전히 다른 삶을 사는 나 자신과 수많은 내담자 여러분들이 계신다. 또 좀 더 쉬운 말로 정신분석을 일반인도 이해할 수 있었으면 하는 나의 간절함 때문이다. 책에 담긴 이런 믿음과 간절함이 조금이나마 전달되길 희망한다.

참고문헌

Armstrong-Perlman. E. (1991). The allure of the bad object. In: Fairbain and the
    Origins of Object Relations, ed. by Grotstein JS, Rinsley DB. New York:Guilford
    Press, 1994.

Bradshaw, J. (1988). Bradshaw on:The Family-rev. ed. Health Communications, Inc.

Bradshaw, J. (1991). Home coming:Reclaiming and championing your inner child.
    Piatkus Books.

Bion, W. R. (1962). The Psych-Analysis Study of Thinking, International Journal of
    Psychoanalysis 43: 306-310.

Cashdan, S. (1988). Object Relationships Therapy : Using the relationship : W. W.
    Norton & Company

Caldwell, L. & Joyce, A. (2011). Reading Winnicott. Routledge.

Davis, M. & Wallbridge, D. (1991) Boundary and Space, Karnac Books Ltd.

Gomez, L.(2002). An Introduction to Object Relations. Free Association Books Ltd.

Greenberg. J. R. & Mitchell. S. R.(1983). Object Relations in Psychoanalytic Theory.
    Havard University Press.

Hamilton, N. G. (1996). Self & Others : Jason Aronson, J.

Hermandez, M., & Giannakoulas, A. (2001). On the Construction of Potential Space.
    In M. Bertolini, A. Giannakoulas, & M. Hermandez(eds.), in collaboration with
    A Milano, Squiggles and Spaces; Revisiting the Work of D. W. Winnicott(Vol.1,
    pp146-167). London : Whurr.

Kernberg, O. F. (1965). Notes on counter transference. Journal of the American
    Psychoanalytic Association 15: 641-685.

Kohut, H. (1971). The analysis of the self. A systematic approach to the psychoanalytic
    treatment of narcissistic personality disorders. University of Chicago Press.

McWilliams. N. (1994). Psychoanalytic Diagnosis : Understanding Personality
    Structure in the Clinical Process. The Gilford Press.

Miller, A. (1975). Prisoners of childhood: the drama of the gifted child and the search for the true self. New York:basic Books.

Northrup, C. (1998). Women's bodies, women's wisdom: creating physical and emotional health and healing. New York; Bantam Books.

Saul, L. J. (1958). Technique and practice of psychoanalysis. Philadelphia: J. B. Lippincott

_____(1972). Psychodynamically Based Psychotherapy. New York: Science House.

_____(1977). Childhood Emotional Pattern. The key to Personality, It's disorders and Therapy. New York: Van Nostrand Reinhold Company.

Segal, J.(1999). Melanie Klein. Sage Publications of London, Thousand Oaks and New Delhi.

Segal, H.(1964). Introduction to the Work of Melanie Klein. New York: Basic Books,

Shoenberg, p. (2007). Psychosomatics: The Uses of Psychotherapy. London:Palgrave Macmillan

Solomon, P, & Kleeman, S. T.(1975). Sensory deprivation. In Comprehensive Textbook of Psychiatry II, vol. 1, ed. A. M. Freedman, H. I. Kaplan, & B. J. Sadock, pp. 455-459. Baltimore, MD:Williams & Wilkins.

Sperling, M.(1963). In Tarachow, S. An Introduction to Psychotherapy. New York: International University Press.

Winnicott, D. W.(1931). Clinical Notes on Disorders of Childhood. London: Heinemann.

_____(1945). Primitive Emotional Development. In: Collected Papers:Through paediatrics to Psychoanaysis. London: Hogarth Press.

_____(1948). Children's hostels in war and peace. British Journal of Medical Psychology, 21, 175-180.

_____(1949). Hate in the counter-transference. The International Journal of Psychoanalysis, 30, 69-74.

_____(1958). The capacity to be alone. The International Journal of Psychoanalysis, 39, 416-420.

_____(1960). The Theory of the parent-Infant Relationship, International Journal of Psychoanalysis 41 : 585-595.

_____(1962). Ego Integration in Child Development. In Maturational Processes.

_____(1965). Deprivation and Delinquency. Routledge.

_____(1965b). The maturational Process and The Facilitating Environment. Studies in the Theory Emotional Development. London : Horgarth Press.

_____(1971). Playing and Reality. London : Tavistock, Republished by Routledge, 1991.

Sullivan, S.(1982) American Journal of Psychiatry, vol. 139, no. 3(Mar, 1982), 385-386.

가요한.문은영(2022). 대상관계이론과 상담. 호모 렐라티우스 되어 가기. 학지사

김혜남(2002). 나는 정말 너를 사랑하는 걸까? 갑우문화사

이무석(2006). 30년만의 휴식. 비전과리더십

정방자(1998). 정신역동적 상담. 학지사

최경희(2000). 대인관계와 정신역동. 이문출판사.

최영민(2010). 쉽게 쓴 정신분석이론-대상관계이론을 중심으로. 학지사

Memo

쉽게 읽는
정신역동과 가족

초판 1쇄 인쇄 2024년 2월 20일
초판 1쇄 발행 2024년 2월 23일
지은이 김수연
기획 정강욱 이연임
편집 백예인
일러스트 김미라
표지 디자인 최동인
내지 디자인 서희원
출판 리얼러닝
주소 경기도 파주시 탄현면 고추잠자리길 60
전화 02-337-0333
이메일 withreallearning@gmail.com
출판등록 제 406-2020-000085호
ISBN 979-11-984424-3-7(03180)